UTB 3200

Eine Arbeitsgemeinschaft der Verlage

Böhlau Verlag · Köln · Weimar · Wien
Verlag Barbara Budrich · Opladen · Farmington Hills
facultas.wuv · Wien
Wilhelm Fink · München
A. Francke Verlag · Tübingen und Basel
Haupt Verlag · Bern · Stuttgart · Wien
Julius Klinkhardt Verlagsbuchhandlung · Bad Heilbrunn
Lucius & Lucius Verlagsgesellschaft · Stuttgart
Mohr Siebeck · Tübingen
Orell Füssli Verlag · Zürich
Ernst Reinhardt Verlag · München · Basel
Ferdinand Schöningh · Paderborn · München · Wien · Zürich
Eugen Ulmer Verlag · Stuttgart
UVK Verlagsgesellschaft · Konstanz
Vandenhoeck & Ruprecht · Göttingen
vdf Hochschulverlag AG an der ETH Zürich

Mirjam Schambeck

Bibeltheologische Didaktik

Biblisches Lernen im Religionsunterricht

Vandenhoeck & Ruprecht

Dr. Miriam Schambeck sf ist Professorin für Religionspädagogik und Didaktik des Religionsunterrichts an der Fakultät für Katholische Theologie der Universität Bamberg.

Mit 8 Grafiken

Bibliografische Information der Deutschen Nationalbibliothek

Die Deutsche Nationalbibliothek verzeichnet diese Publikation in der Deutschen Nationalbibliografie; detaillierte bibliografische Daten sind im Internet über http://dnb.d-nb.de abrufbar.

© 2009, Vandenhoeck & Ruprecht GmbH & Co. KG, Göttingen
Internet: www.v-r.de
ISBN 978-3-525-03627-3

Alle Rechte vorbehalten. Das Werk und seine Teile sind urheberrechtlich geschützt. Jede Verwertung in anderen als den gesetzlich zugelassenen Fällen bedarf der vorherigen schriftlichen Einwilligung des Verlages. Hinweis zu § 52a UrhG: Weder das Werk noch seine Teile dürfen ohne vorherige schriftliche Einwilligung des Verlages öffentlich zugänglich gemacht werden. Dies gilt auch bei einer entsprechenden Nutzung für Lehr- und Unterrichtszwecke. Printed in Germany.

Umschlaggestaltung: Atelier Reichert, Stuttgart
Druck und Bindung: ⊕ Hubert & Co, Göttingen

UTB Bestellnummer
ISBN 978-3-8252-3200-9

Inhalt

Auf dem Weg zu einer bibeltheologischen Didaktik 11

1. Kapitel: Tendenzen in der gegenwärtigen Bibeldidaktik –
Eine Vergewisserung 17

  1. Das Dogma und Kerygma im biblischen Text
als Fokus 17
    1.1 Die kerygmatische Bibelkatechese 17
    1.2 Kritische Würdigung 19

  2. Vom Text zum Subjekt:
Hermeneutische Bibeldidaktik 20
    2.1 Die biblische Didaktik nach Ingo Baldermann 22
    2.2 Der Ansatz biblischen Lernens bei Horst Klaus Berg 28
    2.3 Kritische Würdigung 38

  3. Vom Subjekt zum Text: Rezeptionsästhetische und
entwicklungsorientierte Ansätze 41
    3.1 Rezeptionsästhetische Ansätze in der Bibeldidaktik 41
    3.2 Kinder und Jugendliche als Exegeten – Zu den bibeldidaktischen
Vorschlägen von Friedrich Schweitzer und Anton A. Bucher 44
    3.3 Bibeldidaktik als Ermöglichungsdidaktik –
Der Ansatz von Joachim Theis........................ 47
    3.4 Kritische Würdigung 55

  4. Vom Subjekt zum Text und wieder zurück:
Dekonstruktive Bibeldidaktik als Vermittlungsposition .. 57
    4.1 Grundlegende Momente des Dekonstruktivismus bei Derrida .. 57
    4.2 Grundzüge einer dekonstruktiven Bibelarbeit 60
    4.3 Kritische Würdigung 63

  5. Überleitung und Ausblick: Was ist für eine heutige
Bibeldidaktik wichtig? 64

2. Kapitel: Begründungen biblischen Lernens 68

1. Bildungstheoretische Begründungen und Ziele biblischen Lernens angesichts der Postmoderne 68
1.1 Biblisches Lernen angesichts der Paradigmen der Postmoderne . 68
1.2 Biblisches Lernen zwischen Subjekten und Inhalten und deren Kontexten 73
1.3 Bibel als kulturbildende Kraft wahrnehmen 75
1.4 Bibel als Ausdruck des religiösen Weltzugangs kennenlernen .. 76

2. Theologische Begründungen und Ziele biblischen Lernens 77
2.1 Religiöses Orientierungswissen erschließen 77
2.2 Sich für Gott im Horizont des Menschen auftun 78
2.3 Welt im Horizont Gottes sehen lernen 79
2.4 Zu einer eigenen Position anstiften 80
2.5 Ein Trost- und Lebensbuch befragen 80

3. Kapitel: Die intertextuelle Exegese als Grundlage der bibeltheologischen Didaktik 82

1. Konzept und Methoden der intertextuellen Exegese ... 82
1.1 Zum Begriff „intertextuelle Exegese" und seinen Implikationen 82
1.2 Intertextueller Ansatz versus historisch-kritische Exegese? – Anmerkungen zu einem spannungsvollen Verhältnis 85

2. Die Bibel als Gegenstand der Auslegung – Zum Problem des Kanons 88
2.1 Kanonwerdung und Kanonabschluss 89
2.2 Endgestalt des Textes und Auslegungsgemeinschaft 91
2.3 Das Verhältnis zwischen Altem und Neuem Testament – Der Ansatz der „multiperspektivischen Hermeneutik" 91
2.4 Konsequenzen für die Auslegung 94

Inhalt 7

3. Zur Texttheorie 97
3.1 Der Text als Bote 97
3.2 Der Text als Bezugspunkt der Kommunikation 100
3.3 Die Rolle des Lesers – Zur Verbindung von *intentio operis* und *intentio lectoris* in der intertextuellen Exegese 101
3.4 Die Auslegungsgemeinschaft als konstitutive Größe des Auslegungsgeschehens 105

4. Zum Auslegungsprozess 109
4.1 Grundsätze der Interpretation 109
4.2 Zur Frage der Verbindlichkeit der Auslegung 111

5. Schritte einer intertextuellen Auslegung – Zusammenfassung 115

6. Zur Kritik der intertextuellen Exegese– Einige Akzente 118
6.1 Wird die Vielperspektivität der Schriften genügend berücksichtigt? – Gegen die Gefahr der Uniformierung der Schrift . 118
6.2 Der Leser: gewürdigt und dennoch vernachlässigt – Zur Erweiterungsbedürftigkeit der intertextuellen Exegese 119

4. Kapitel: Das Konzept der bibeltheologischen Didaktik ... 122

1. Die „Welt des Textes" und die „Welt des Lesers" zueinander sprechen lassen 122
1.1 Der Text und die „Welt des Textes" 122
1.2 Der Leser und die „Welt des Lesers" 128
1.3 Bewegungen zwischen der „Welt des Lesers" und der „Welt des Textes" 132
1.4 Praxis als Rahmen und Ziel der Bewegungen von Textwelt und Leserwelt 133

2. Schritte einer bibeltheologischen Didaktik 135
2.1 Annäherungen an die Textwelt 135
2.2 Annäherungen an die Leserwelt 138
2.3 Klärung der Bewegungen zwischen Leserwelt und Textwelt 139

3. Zur Bedeutung der Lehrkraft 140
3.1 Der Lehrer als existenzieller Leser 140
3.2 Der Lehrer als Anwalt der Schüler/innen und der Leserwelt 141
3.3 Der Lehrer als Anwalt des Textes und der Textwelt 142
3.4 Der Lehrer als Initiator und Moderator 143

4. Ziele einer bibeltheologischen Didaktik 143

5. Lernwege 145
5.1 Subjektorientierte Lernwege 145
5.2 Den Eigenanspruch des Textes wahren 146
5.3 Methodenvielfalt 146

5. Kapitel: Beispiele 148

1. Narrative Texte – Hagar und der Gott, der nach mir schaut 150
1.1 Einen fremden Text erkunden 150
1.2 Fragen der Schüler/innen erweitern den „Textraum" 152
1.3 Strategien des Textes und der Schüler/innen 153
1.4 Bewegungen zwischen Leserwelt und Textwelt 154

2. Ein Beispiel aus Gesetzestexten – Der Umgang mit dem Fremden 155
2.1 Fremdsein in der eigenen Lebenswelt 155
2.2 Fremdsein als relative Kategorie 155
2.3 Von der Lebens- und Leserwelt in die Welt des Textes 156
2.4 Der Text und seine Welt als Subjekt 157
2.5 Die Lerngemeinschaft als Modell-Leserin 158
2.6 Bewegungen zwischen Textwelt und Leserwelt 160

3. Wundererzählungen – Der Mann mit der
verdorrten Hand 161
3.1 Hände – ein Einstieg 161
3.2 Die Leserwelt in Spannung zur Textwelt 162
3.3 Noch immer die Leserintention 162
3.4 Die Textwelt zum Sprechen bringen 164
3.5 Der Text will mehr 166
3.6 Dem Text meine Stimme geben 167

4. Osterüberlieferungen – Maria von Magdala am Grab .. 168
4.1 Bilder interpretieren auch 168
4.2 Die „Welt der Schüler/innen" 169
4.3 Vereinnahmungen 170
4.4 Der Text – eine Herausforderung 171
4.5 Der Text bleibt nicht still 172

5. Beispiele und ihre Tragweite 174

Bibeltheologische Didaktik: Texte *werden* durch
die Leser/innen 176

Literatur 181

Auf dem Weg zu einer bibeltheologischen Didaktik

Nach wie vor gehört die Auseinandersetzung mit der Bibel zu den wichtigsten Inhalten der Religionsdidaktik. Auch wenn die „Bibelmüdigkeit" der Schüler/innen sprichwörtlich geworden ist,[1] so, oder gerade deshalb, hat sich auf dem Gebiet biblischen Lernens doch viel getan.

Eine gegenwärtige Bibeldidaktik muss sich den Herausforderungen der postmodernen Schüler/innenwelten stellen. Sie muss bei den Schüler/innen, deren Fragen und Interessen ansetzen. Nur wo die Schüler/innen selbst als Fragende und Forschende zu Wort kommen, gelingt es, biblische Texte nicht als museale Dokumente vergangener Zeiten abzutun, sondern ihre orientierende und auch lebensverändernde Kraft in den Blick zu nehmen.

Deshalb wurden in der letzten Zeit einige Vorschläge gemacht, wie eine Bibeldidaktik heute aussehen soll. Diese Ansätze bieten keine Gewähr dafür, dass Schüler/innen nun zu Begeisterten für biblische Texte werden. Dennoch steigt die Wahrscheinlichkeit, die Bibel nicht einfach als langweilig und von vorgestern abzutun, wo deutlich wird, dass die Schüler/innen selbst gefragt sind, dass es um sie geht und sie sich entscheiden können, ob und wie sie sich zu biblischen Texten in Beziehung setzen wollen.

---

1   Vgl. dazu beispielsweise die umfängliche empirische Untersuchung von Bröking-Bortfeldt, M.: Schüler und Bibel; vgl. auch die Befragung von 1150 Hauptschüler/innen und 3000 Berufsschüler/innen durch Berg, H.K.: Grundriss der Bibeldidaktik; Die 13. Shell Jugendstudie, Deutsche Shell (Hg.): Jugend 2000, 167, zeigt, dass 79% der befragten Jugendlichen nie in der Bibel lesen und nur 1% angibt, „sehr oft" darin zu lesen.

Der folgende Ansatz einer bibeltheologischen Didaktik ergänzt das bisherige Spektrum. Ich habe das Konzept „bibeltheologische Didaktik" genannt, um einerseits deutlich zu machen, dass es mir um eine Didaktik geht, die den literaturtheoretischen Diskurs der Intertextualität aufnimmt.[2] Andererseits will ich aber auch zeigen, dass der intertextuelle Ansatz, wie er in die Exegese Eingang gefunden hat, für biblische Lernprozesse zu erweitern ist.

Die bibeltheologische Didaktik verfolgt das Ziel, sowohl die „Welt des Textes" als auch die „Welt der Schüler/innen" zueinander sprechen zu lassen. Sie will zu einer Begegnung zwischen Leser/innen und Text anstiften und die daraus entstehenden Bewegungen genauer differenzieren. Das geschieht in drei Richtungen.

1. Es werden die Bewegungen, die bei den Leser/innen und in ihrer Welt stattfinden, wahrgenommen und in Parametern wie Vorwissen, Absichten, Erwartungen und Zielen beschrieben. Die „empirischen", also realen Leser werden somit als Sinnstifter ernst genommen.

2. Es werden aber auch die Bewegungen analysiert, die auf Seiten des Textes stattfinden. Dazu bedient sich die bibeltheologische Didaktik des Diskurses, der zur Zeit in den Bibelwissenschaften ausgetragen wird und in den Fragen um eine biblische bzw. intertextuelle bzw. kanonische Auslegung einen Namen gefunden hat. Ich habe diesen exegetischen Ansatz für eine bibeltheologische Didaktik fruchtbar gemacht. Damit kann ich auf die Textverfahren dieses Auslegungsverfahrens zurückgreifen, das sich davon verabschiedet hat, die Intentionen des Autors zu ergründen und am Einzeltext stehenzubleiben. Der intertextuellen Auslegung geht es vielmehr darum, die Verwobenheit eines Textes mit dem Gesamt der biblischen Schriften aufzuzeigen und

---

2 Walter Groß macht einen ähnlichen Vorschlag. Er spricht von einer biblisch-theologischen Auslegung, um die kanonische bzw. intertextuelle Auslegung zu bezeichnen. Groß, W.: Ist biblisch-theologische Auslegung ein integrierender Methodenschritt?, 110–149.

nach den Intentionen und Strategien des Textes zu suchen. Der Vorteil der intertextuellen Auslegung liegt u. a. darin, dass sie schon von sich aus auf die „roten Fäden", also die Sinnzusammenhänge verweist, die die biblischen Schriften durchziehen. Damit lädt die „Welt des Textes" den Leser ein, auch die eigenen Sinnzusammenhänge mitten in das Auslegungsverfahren zu integrieren und die „Welt des Textes" für die persönlichen Lebensdeutungen zu befragen.

Mein Vorschlag einer bibeltheologischen Didaktik ergänzt das Interesse an der „Welt des Textes" aber noch um das Interesse an der „Welt der Leser/innen", und zwar der empirischen Leser/innen.

3. Schließlich will eine bibeltheologische Didaktik für die Bewegungen aufmerksam machen, die durch die Begegnung von Textwelt und Leserwelt ausgelöst werden. Das ist ein wichtiger Punkt. Es geht darum, dass die Schüler/innen zu kommunizieren lernen, was sich durch die Begegnung mit dem Text bei ihnen verändert hat. Damit gleiten religiöse Vorstellungen und Einstellungen nicht ins Privatissimum ab, sondern können, weil sie einen Ausdruck finden, ausgetauscht und damit für andere relevant werden.

Die vorliegende Studie thematisiert deshalb sowohl den derzeitigen Diskurs um biblisches Lernen, wie er in der Religionsdidaktik geführt wird, als auch ein neues Konzept, das im Einzelnen vorgestellt wird. Deshalb finden sich Kapitel, die eher darstellenden Charakter haben (erstes bis drittes Kapitel) und andere, die das neue Konzept beschreiben und zur Diskussion stellen.

Insgesamt umfasst die Studie fünf Kapitel. In einem ersten Kapitel wird der bibeldidaktische Diskurs der letzten Jahrzehnte dargestellt und daraufhin befragt, inwiefern die Pole Text und Leser jeweils gewichtet wurden. Die Desiderate, die sich aus den einzelnen Ansätzen ergeben, schließen diesen Teil ab und leiten zugleich auf das zweite Kapitel über. In ihm geht es darum, sowohl über die bildungstheoretischen als auch theologischen Begründungen und Ziele biblischen Lernens nachzudenken. Hier finden die Weichenstellungen für die bibeltheologische Didaktik statt. Wie biblisches Lernen heute aussehen kann, formuliert sich auf dieser Ebene grundlagentheoretisch.

Diese Grundlagentheorie gilt es umzusetzen. Das heißt, dass die Erfordernisse an biblisches Lernen in einem bestimmten Konzept konkretisiert werden müssen. Dieses Konzept ist freilich wiederum theoretisch, gibt sich aber sozusagen schon als Theorie der Praxis zu erkennen. Um das Konzept der bibeltheologischen Didaktik verstehen zu können, ist es wichtig, zunächst die exegetischen Grundlagen zu entwickeln. Das geschieht im dritten Kapitel. Hier wird eine Zusammenfassung und Bilanzierung des verästelten Diskurses der intertextuellen Exegese geboten. Aus der kritischen Würdigung der vorausgehenden Überlegungen entwickle ich in einem vierten Kapitel das Konzept der bibeltheologischen Didaktik. Deren Tragweite, aber auch Grenzen werden im fünften Kapitel anhand von Beispielen verdeutlicht.

Der Entwurf einer bibeltheologischen Didaktik, wie er hier dargelegt wird, will biblisches Lernen für heute konkretisieren. Das Ziel ist eine lebendige Praxis, in der die Frage nach Gott als Frage aufscheint, die auch an den Einzelnen gerichtet ist und dazu einlädt, einen eigenen, verantworteten Standpunkt zu entwickeln.

Dass der Weg zu einer bibeltheologischen Didaktik mit diesem Buch ein Etappenziel erreicht hat, habe ich vielen zu verdanken. An erster Stelle möchte ich meinem „Forschungs-Hiwi" Johannes Heger Dank sagen, der akribisch genau recherchiert, gegengelesen und durch seine Diskussionshinweise aus der Literaturtheorie ein kundiger und stets unterhaltsamer Gesprächspartner war und ist. Ebenso sei meinen Assistenten Markus Prölß und Dr. Konstantin Lindner gedankt für die Mühe des Korrekturlesens, die Impulse für die Grafiken und vieles mehr. Der Universität Bamberg danke ich, die diese Studie als Drittmittelprojekt unterstützt und gefördert hat.

Dieses Konzept hat in vielen Gesprächen und wissenschaftlichen Disputen Gestalt angenommen. Das verdanke ich zu einem großen Teil den Student/innen aus meiner Regensburger Zeit und meinen gegenwärtigen Hörer/innen an der Universität Bamberg. Die Frage: *Und was heißt biblisches Lernen heute?*, hat mir Antrieb gegeben, meine Gedanken weiterzuentwickeln.

Widmen möchte ich dieses Buch meinen Nichten Helena, Fanny, Magdalena und Josephine; denn schließlich wollen biblische Geschichten erzählt werden.

1. Kapitel: Tendenzen in der gegenwärtigen Bibeldidaktik – Eine Vergewisserung

Im folgenden Kapitel sollen Tendenzen der Bibeldidaktik in der jüngsten und gegenwärtigen Debatte ausgemacht werden. Auf dem Hintergrund dieser Ergebnisse kann die Bedeutung einer bibeltheologischen Didaktik nochmals deutlicher ausgelotet werden.

Anders als bislang üblich, gehe ich nicht von vier klassischen bibeldidaktischen Ansätzen aus, die im kerygmatischen, hermeneutischen, problemorientierten, korrelativen bzw. symboldidaktischen Konzept ausgemacht wurden.[3] Mich interessiert bei der Sichtung der bibeldidaktischen Ansätze vielmehr, wie die Bedeutung von Text und Adressat, von Text und Leser verstanden und wie diese Beziehung methodisch eingeholt wird. Damit kann das Feld der Bibeldidaktik neu vermessen werden. Notwendigkeiten einer heutigen Bibeldidaktik lassen sich so neu formulieren.

1. Das Dogma und Kerygma im biblischen Text als Fokus

1.1 Die kerygmatische Bibelkatechese

Die Entwicklung einer eigenen „Verkündigungstheologie" seit den 1930er Jahren ging mit der Forderung nach einem eigenständigen Bibelunterricht einher. In Abgrenzung zur Neuscho-

---

3   Vgl. Ott, R.: Lernen in der Begegnung mit der Bibel, 291–309; ders.: Geschichte der katholischen Bibeldidaktik, 226–230; Wegenast, K.: Geschichte der evangelischen Bibeldidaktik, 221–226; Kalloch, Ch.: Das Alte Testament im Religionsunterricht der Grundschule, 171–179; Kraft, F.: Godly Play, 46f. Den aktuellsten Überblick bietet Mette, N.: Bibeldidaktik 1986–2006, 175–195.

lastik und zur ritualisierten Methodenbewegung entwickelte die Materialkerygmatik bzw. im evangelischen Bereich die so genannte „Evangelische Unterweisung" einen Bibelunterricht, der der Verkündigung diente.[4]

Rudi Ott konnte vier Kriterien ausmachen, denen dieser Bibelunterricht Genüge leisten sollte: Es sollte um ein sachgerechtes Verstehen der Texte gehen. Ferner müsse den Glaubenszeugnissen der Texte Priorität vor den geschichtlichen Abläufen eingeräumt werden. Schließlich erhob dieser biblische Unterricht den Anspruch der existenziellen Auslegung und Aktualisierung. Ebenso forderte er schon die Kindgemäßheit des Umgangs mit den Texten ein oder bedachte – anders gesagt – bereits den Adressatenanspruch.[5]

Auch wenn in exegetischer Hinsicht noch die so genannte „Skopusmethode" vorherrschte, also die Reduzierung eines biblischen Textes auf seine theologische Pointe,[6] so gilt doch, dass die biblischen Texte nicht mehr – wie noch in der Neuscholastik – lediglich als Untermauerung bestimmter dogmatischer Aussagen gewertet wurden. Die biblischen Texte selbst wurden in ihrem genuin theologischen Gehalt (wieder) gewürdigt.

Ferner war es Anliegen des materialkerygmatischen Bibelunterrichts, den ermittelten Skopus im Sinne einer existenziellen Auslegung zu aktualisieren. Es ging also durchaus darum, die Botschaft je neu zu hören und aus ihr Impulse für die Lebensgestaltung zu gewinnen. Vor allem Theoderich Kampmann setzte sich in seinen Arbeiten dafür ein.[7]

---

4 Im evangelischen Bereich ist hier Oskar Hammelsbeck zu nennen, der den Bibelunterricht zum kirchlichen Unterricht macht, ihn als Hilfe zum Glauben versteht und ihn als Hilfe charakterisiert, auf das Wort Gottes hören zu lehren. Hammelsbeck, O.: Der kirchliche Unterricht, 136.

5 Vgl. Ott, R.: Lernen in der Begegnung mit der Bibel, 291f.; Biehl, P.: Bibeldidaktik als Symboldidaktik, 55–61.

6 Vgl. Ott, R.: Geschichte der katholischen Bibeldidaktik, 228.

7 Vgl. Kampmann, Th.: Das Geheimnis des Alten Testaments, 26–32; ders.: Erziehung und Glaube; ders.: Wortverkündigung – Glaubensunterweisung – Religionsunterricht.

1.2 Kritische Würdigung

Das Verhältnis von Text und Adressat markiert das Neue dieses Ansatzes gegenüber der Neuscholastik und zeigt zugleich dessen Eingeschränktheit, wenn man ihn von einem heutigen Blickwinkel aus betrachtet.

Die biblischen Texte werden als Quelle der Gottesrede, des Verständnisses des Reiches Gottes, Jesu Christi und anderer Glaubensaussagen wieder bewusst. Das heißt, dass die Bibel selbst als Wort Gottes verstehbar wird, das an den Menschen gerichtet ist. Dieses Wort Gottes an den Menschen gilt es herauszufinden und den Menschen zu verkünden.

Damit ist eine entscheidende Weichenstellung gegenüber der Neuscholastik vorgenommen worden. Nicht mehr die Dogmatik ist alleiniger Maßstab, wie die biblischen Texte zu lesen sind. Vielmehr wird die Bibel selbst zum Anspruch, an dem sich die Glaubenslehre ausrichten muss. Auch wenn das für heutige Ohren selbstverständlich klingt, war damit eine gleichsam kopernikanische Wende in der Wahrnehmung biblischer Texte gegenüber der Neuscholastik formuliert. Diese sollte die Texte des II. Vaticanums in Bezug auf die Einschätzung der Schrift vorbereiten.[8]

Weiterhin hat der Bibelunterricht der Materialkerygmatik bewusst gemacht, dass sich der biblische Unterricht nicht damit begnügen kann, distanzierte Informationen weiterzugeben. Die Auseinandersetzung mit der Bibel zielt darauf, sie als orientierendes und handlungsinspirierendes Wort für heute wahrzunehmen. Das hat die Materialkerygmatik und ähnlich die Evangelische Unterweisung der Bibeldidaktik bleibend mitgegeben.

Zugleich ist vom heutigen Standpunkt aus kritisch festzuhalten, dass der Leser lediglich als *Adressat des Kerygmas* in den Blick kommt. Sein Part als Rezipient, geschweige denn als Dialogpartner des Wortes, der dieses auch prägt, wird nicht gesehen. Damit

---

8 Z. B. DV 24; DV 12.

reduziert der materialkerygmatische Bibelunterricht biblisches Lernen auf das Herausfinden des Wortes Gottes *für* mich, ohne darauf einzugehen, dass das auch bedeutet, das „für *mich*", also das Gesagtsein des Wortes Gottes für den je einzelnen Menschen – für das Subjekt – als entscheidende Größe im Auslegungsprozess ernst zu nehmen.

Dieses Desiderat begleitet das biblische Lernen bis heute. Schon jetzt soll darauf hingewiesen werden, dass in den bibeldidaktischen Ansätzen die Bedeutung, die dem Subjekt im Auslegungsgeschehen zukommt, je länger je deutlicher herausgearbeitet wird. Dies ist eine Entwicklung, die nicht nur für die Bibeldidaktik gilt, sondern für die Religionspädagogik und die Theologie allgemein. Je deutlicher bewusst wird, dass Offenbarung ein dialogisches Geschehen ist, desto mehr rückt das Subjekt, seine Verfasstheit, das Wort Gottes zu hören und aufzunehmen in den Blick.

Die folgende Periode kann deshalb als Zeit charakterisiert werden, in der der Weg vom Text zum Subjekt zumindest fänglich beschritten wird.

2. Vom Text zum Subjekt: Hermeneutische Bibeldidaktik

Auch die Konzepte, die den materialkerygmatischen Bibelunterricht ablösen, können als Konzepte definiert werden, die vom Text ausgehen. Allerdings macht sich folgende Verschiebung bemerkbar: Was in der materialkerygmatischen Bibelarbeit noch als Anspruch formuliert war, nämlich aus den biblischen Texten das Kerygma als erlösende Botschaft für den Menschen herauszufinden, wird in den Nachfolgekonzepten deutlicher eingelöst.

Das Subjekt ist jetzt nicht mehr nur eine Größe, die letztlich unbekannt bleibt und die nur insofern ins Spiel kommt, als ihr das Wort Gottes gilt. Das Subjekt mit seinen Verstehensbedingungen wird als Faktor bewusst, der den Auslegungsprozess mit bedingt. Vor allem die Studien Hans Georg Gadamers haben hier

Entscheidendes bewirkt.[9] Insgesamt bleibt aber weiterhin die Sinnkonstituierung auf den Text und dessen Reichweite beschränkt. Das heißt mit anderen Worten, dass es bei den Ansätzen einer hermeneutischen Bibeldidaktik noch immer darum geht, den Sinn und die Botschaft eines Textes herauszufinden, wenn auch als Sinn und Botschaft für einen Leser, der kontextgebunden liest und versteht.

Außerdem wird im Unterschied zur materialkerygmatischen Bibelarbeit deutlich, dass unter dem Sinn und der Botschaft eines Textes nicht mehr nur *eine* richtige Antwort verstanden wird. Vielmehr wird bewusst: Die Vielschichtigkeit der Texte ruft auch eine Vielschichtigkeit von Sinn hervor. Was ein Text meint, kann nicht einfach in einem Merksatz festgehalten werden. Rudi Ott fasst zusammen, dass sich der hermeneutische Ansatz gegen die Formalstufen richtet, gegen die Skopusmethode, die moralische Anwendung, das psychologisierende Ausmalen und die heilsgeschichtliche Systematik der Bibelauslegung. Dagegen macht sich die hermeneutische Bibeldidaktik stark für einen textnahen Unterricht, der die Ergebnisse der historisch-kritischen Exegese aufgreift. Sie gewichtet das Erzählen, das die Glaubenserfahrung der Texte am deutlichsten vermittelt, und tritt für eine existenziale Interpretation der Bibel ein, die die Schrift als Lebenswort zur Geltung bringt. Schließlich favorisiert sie Formen ganzheitlicher Erfahrung, in denen sich die Orientierungskraft der Schrift artikuliert.[10]

Als Beispiele einer hermeneutischen Bibeldidaktik werden im Folgenden die Ansätze von Ingo Baldermann und Horst Klaus Berg vorgestellt. Sie sind die bekanntesten und haben in der Bibeldidaktik die größte Wirkungsgeschichte entwickelt. An ihnen kann exemplarisch erläutert werden, was auch für andere Ansätze der hermeneutischen Bibeldidaktik gilt.[11]

---

9 Vgl. Gadamer, H. G.: Wahrheit und Methode.
10 Vgl. Ott, R.: Geschichte der katholischen Bibeldidaktik, 229.
11 Vgl. z. B. Stock, H.: Theologische Elementarisierung und Bibel; ders.: Evangelientexte in elementarer Auslegung; ders.: Studien zur Auslegung der synoptischen Evangelien im Unterricht.

2.1 Die biblische Didaktik nach Ingo Baldermann

Ingo Baldermann hat in einer Zeit, in der der Bibelunterricht zu einem schwierigen Unterfangen geworden war, ein Konzept vorgelegt, das aufgrund seiner Erfahrungsorientierung für viele wieder einen Zugang zu den biblischen Texten eröffnet hat. Sein Ansatz geht zurück auf Entdeckungen, die er mit dem Bibelunterricht bei Kindern gemacht hat. Weil exegetische und hermeneutische Vorbereitungen von biblischen Texten oft in einer abstrakten Welt verliefen, die den Kindern fern war, ging Baldermann daran, die Texte der Schrift selbst und die in ihnen verdichteten Erfahrungen zum Ausgangspunkt biblischen Lernens zu machen. Er begann damals bei den Psalmen.

Auch wenn die „Geladenheit" der Texte mit Erfahrungen im Mittelpunkt seiner Bemühungen steht und damit die Frage, wie diese Erfahrungen für den Leser gehoben werden können, so ist doch deutlich, dass die biblische Arbeit vom Text ausgeht und den Text in den Mittelpunkt rückt. Insgesamt vollzieht das baldermannsche Konzept damit eine Bewegung, die vom Text ausgeht und auf das Subjekt zugeht.

Vgl. auch das bibeldidaktische Viereck, das Georg Baudler erarbeitet hat: 1. Analyse der überlieferten Textwelt, indem die Sprachstruktur eines Textes ermittelt wird mit dem Ziel, eine möglichst allgemeine Textmatrix zu erreichen; 2. Analyse der vergangenen Erzählsituation; 3. Assoziative Verknüpfung der vergangenen mit der gegenwärtigen Situation; 4. Formulieren eines neuen Textes. Baudler, G.: Religiöse Erziehung heute; ders.: Korrelationsdidaktik.
Auch die dialogische Bibelarbeit Franz-Wendel Niehls gehört m.E. zu den hermeneutischen Konzepten. Obwohl Niehl darauf verweist, dass es sowohl text- als auch leser- und wirkungsgeschichtliche Zugänge gibt und er dazu vielfältige Anregungen vorlegt, geht es ihm letztlich darum zu klären, *wie* Jugendliche und Kinder *den Text* verstehen können. Die hermeneutische „Kehre", dass Leser/innen den Textsinn mitbedingen, vollzieht Niehl m.E. nicht. Niehl, F.-W.: Bibel verstehen; ders.: Verfahren des biblischen Unterrichts auf dem Prüfstand.
Zu den hermeneutischen Konzepten zähle ich weiterhin auch Theißen, G.: Zur Bibel motivieren, 109–115, der, wenn auch angesichts der Bedingungen der Postmoderne, den Text als Text an sich zur Geltung bringen will. Sein Anliegen besteht darin, die Bibel nicht nur als Glaubensbuch für Juden und Christen zu erschließen, sondern sie allen Menschen unabhängig von ihrer Glaubens- und Lebensüberzeugung zugänglich zu machen.

Grundlinien der elementaren biblischen Didaktik

Ingo Baldermann versteht die Bibel als Buch des Lernens, das selbst zum Leser spricht und damit auch eine eigene Didaktik besitzt. Weil die Texte der Bibel mit den Erfahrungen der Menschen aufgeladen sind, kann ein direkter Dialog zwischen dem Text und dem Leser entstehen. Nach Baldermann gibt es deshalb auch keinen „garstigen breiten Graben", der uns von den Texten trennen würde. Weil die Texte selbst zum Sprechen kommen, versteht er sie als schon in unserer Erfahrungswelt gegenwärtig.

Ziel der Auseinandersetzung mit der Bibel ist deshalb, dass die Leser zu einem mündigen, selbstständigen Umgang mit der Bibel kommen und sich der eigenen Hoffnungen bewusst werden.

Sprachbefähigung leisten

Baldermann beginnt damit, den ursprünglichen „Sitz im Leben" wieder lebendig werden zu lassen, in dem die Texte entstanden sind. Die Fragen sollen rekonstruiert werden, die Anlass für den Text waren, ebenso wie die Erfahrungen, die Menschen miteinander, mit der Mitwelt und mit Gott gemacht hatten und die sozusagen im Text versprachlicht wurden. Nur so können sie an Spätere weitergeben werden.

Mit anderen Worten: Die Genese der Texte bringt ihre Didaktik zu Tage. Baldermann nennt das auch „von der Bibel selbst initiiertes[s] Lernen".[12] Er zeigt auf, dass dies für prophetische Texte genauso gilt wie für Gesetzestexte, narrative Texte oder auch die Psalmen.

Die Wahrnehmung der Wirklichkeit ist damit der erste grundlegende Schritt der biblischen Didaktik nach Baldermann. Wahrnehmung aber ist auf Sprache angewiesen. Erst mittels der Sprache können Wahrnehmungen wiederholt werden. Und erst dann kann Wirklichkeitswahrnehmung auch verändert werden. Das aber ist ein langer Prozess, der der Einübung bedarf. Gerade der Umgang mit Psalmen stellt nach Baldermann einen guten

---

12 Baldermann, I.: Einführung in die biblische Didaktik, 5.

Weg dar, verdichteten Erfahrungen, auch schwierigen, eine Sprache zu geben, wie etwa der Angst, dem Scheitern, dem Sterben.

Der Prozess der Versprachlichung selbst wiederum ist an die Zeit gebunden. Wer spricht, liest, fragt, antwortet, vollzieht einen Prozess, bei dem die Strukturelemente nicht beliebig ablaufen können. Die Versprachlichung folgt also einer eigenen Didaktik, die letztlich darauf aus ist, dass der Sprecher, Leser, Fragende bzw. Antwortende selbst sieht, selbst erfährt, selbst Stellung bezieht, zu einer Deutung kommt und zu einem eigenen mündigen Handeln. All das geschieht auf der Grundlage der Wahrnehmung und zielt wiederum auf eine veränderte und verändernde Wahrnehmung.

Die Wahrnehmung zeigt sich also als der erste Schritt der biblischen Didaktik. Die biblische Didaktik selbst konkretisiert sich als Sprachbefähigung. Die Sprache der Bibel zu lernen heißt, sich ihrer Botschaft zu nähern. Das sieht im baldermannschen Konzept so aus, dass ein Psalmvers an die Tafel notiert wird (z.B. „Ich bin wie ein zerbrochenes Gefäß", Ps 31,13, oder „Ich versinke in tiefem Schlamm, wo kein Grund ist", Ps 69) und die Kinder dazu assoziieren. Dadurch wird das Psalmwort mit der Lebenswelt der Kinder gefüllt. Daraus kann sich ein Gespräch entwickeln, in dem auch die theologische Reflexion zu Wort kommt. Baldermann führt dazu ein Unterrichtsgespräch in Bezug auf Ps 31,13 als Beispiel an: „Die nicht an Gott glauben, die sind wie zerbrochene Gefäße. Das stimmt nicht so ganz. Auch die nicht an Gott glauben, können ein gutes Leben führen. Und wenn man an Gott glaubt, dann ist man auch oft traurig, hungrig, gelähmt. Die glauben vielleicht noch viel mehr an Gott, die haben ja nicht soviel ..."[13] Damit wurde ein moderiertes Gespräch zwischen dem biblischen Text und den Kindern in Gang gesetzt.[14]

---

13 Baldermann, I.: Einführung in die biblische Didaktik, 29.
14 Vgl. Baldermann, I.: Ich werde nicht sterben, sondern leben; ders.: Wer hört mein Weinen.

Vom Text zum Subjekt: Hermeneutische Bibeldidaktik

Emotionale Erziehung ermöglichen
Ein zweiter Schritt besteht darin, die Worte der Schrift als Anlass zu nehmen, mit den eigenen Erfahrungen und Emotionen umgehen zu lernen. Baldermann nennt das „emotionale Erziehung". Emotionale Erziehung besteht darin, schwierige Erfahrungen nicht auszublenden, sondern sich ihnen vielmehr zu stellen, ihnen eine Sprache zu geben und damit auch eine Distanzierungsmöglichkeit einzubauen. Das macht nach Baldermann einen Prozess möglich, in dem sich nicht nur die biblischen Texte für die Kinder verändern, sondern auch deren eigene Erfahrungen und Erinnerungen transformiert werden.

Einen Zugang zur Gottesfrage auftun
Durch das sich anschließende Gespräch kann der Raum eröffnet werden, die schwierigen Erfahrungen in den größeren Zusammenhang der Hoffnung zu stellen, der durch die Reich-Gottes-Botschaft Jesu eröffnet wurde. Damit wird der dritte Schritt thematisch. Es geht darum, nicht bei den Worten der Angst stehenzubleiben, sondern sie auf die Worte des Vertrauens, der Hoffnung und des Dankes zu öffnen. Auch diesen Schritt konkretisiert Baldermann, indem er Psalmworte nun als Gegenworte gegen die Angst einbringt. Solche Worte können beispielsweise sein: „Herr, mein Fels, meine Burg, mein Erretter; mein Gott, mein Hort, auf den ich traue, mein Schild und Berg meiner Hilfe und mein Schutz!" (Ps 18,3, zitiert nach der Lutherbibel) oder „Du tröstest mich in Angst" (Ps 4,2); „Du hältst mir den Kopf hoch" (Ps 3,4) oder „Du bist bei mir" (Ps 23,4).[15]

Baldermann geht davon aus, dass die Aussagekraft der Hoffnung erst dann angemessen wahrgenommen werden kann, wenn auch die Angst zuvor eine Sprache gefunden hat. Damit ist auch der Kern seiner biblischen Didaktik deutlich gemacht. Es geht darum, die Gottesfrage als existenzielle Frage aufzuzeigen. Das aber kann nur geschehen, wenn die biblischen Texte als existenzielle Texte gelesen werden.

---

15 Baldermann, I.: Einführung in die biblische Didaktik, 38.

Vielgestaltige Arbeitsformen praktizieren

Baldermann entwickelt eine reiche Palette von Arbeitsformen, die eine Begegnung mit den biblischen Texten ermöglichen. Er nennt das assoziierende Gespräch, in dem, angestoßen durch Worte der Bibel, eigene Erfahrungen wachgerufen werden. Kreatives Lernen, z.B. in Form der Freiarbeit, non-verbale Gestaltung in Form des Malens, der Pantomime, von Klangbildern können weitere Weisen sein, die biblische Didaktik zu konkretisieren. Vor allem die Arbeiten Rainer Oberthürs haben das in einer anschaulichen Weise zur Geltung gebracht.[16]

Auch dem Erzählen kommt bei Baldermann eine besondere Bedeutung zu. Das Erzählen versteht er als Brücke, die für die Erfahrungen der anderen öffnet, aber auch den eigenen Erfahrungen Ausdruck verleiht. Vor allem bei den Texten des NT bietet sich dieser Weg an.[17] Für die Texte aus der prophetischen Tradition, für Gesetzestexte und die paulinischen Briefe stellt Baldermann dramaturgische Formen und unter ihnen besonders das Bibliodrama als wirksamen Lernweg heraus. Was in den Texten an Hoffnung und Aufruf – nach Baldermann an Leidenschaft – geronnen ist, das gilt es, wieder lebendig werden zu lassen, zu „inszenieren", um so eine eigene Stellungnahme zu provozieren.

So verschieden die jeweiligen Lernwege sind, so geht es aber doch immer darum, eine „widerstandsfähige Hoffnung" zu artikulieren, gleichsam eine „Alphabetisierung in der Sprache der Hoffnung" zu erreichen. Das wiederum konkretisiert sich biblisch gesehen in der Auferstehung Jesu.[18]

Zum Didaktik- und Methodenverständnis

Insgesamt zeichnet Baldermann die Didaktik nicht mehr nur als „Kunstlehre der Vermittlung". Sie ist vielmehr die Weise, wie das

---

16 Vgl. Oberthür, R.: Kinder und die großen Fragen; ders.: Kinder fragen nach Leid und Gott; ders./Mayer, A.: Psalmwortkartei.
17 Baldermann, I.: Gottes Reich – Hoffnung für Kinder.
18 Vgl. Baldermann, I.: Einführung in die biblische Didaktik, 198–233; ders.: Gottes Reich – Hoffnung für Kinder, 138–152.

Elementare und das Notwendige an die jeweils nächste Generation weitergegeben werden kann. Dieses aber macht Baldermann in der Hoffnung aus, dass unsere Welt nicht im Chaos versinkt und durch Zerstörung zunichte gemacht wird, sondern dass sie auf ein gutes Ende zugeht und dass die gefährdete Schöpfung errettet wird.

Die Hoffnung ist der Impuls, der das Leben der Menschen am Maßstab der Gerechtigkeit ausrichtet, der die Worte des Vertrauens ebenso kennt wie die der Klage. Die Hoffnung als das Elementare aber kennt weitere unterschiedliche Ebenen der Elementarität. Die Methoden, um das zu erreichen, faltet Baldermann in seinen unterschiedlichen Arbeiten praxisnah aus. Er macht sich dazu die Dialektik der Bibel zunutze, die Vertrauen und Angst, Jubel und Klage umfasst. Es gilt, diese Grunderfahrungen wieder zugänglich zu machen.

Insgesamt geht es nach Baldermann darum, die Bibel aus der Distanz herauszuholen, in die sie durch die Verabsolutierung der historisch-kritischen Methode als einzig adäquater Zugangsweise zur Bibel gebracht wurde. Baldermann versucht das über eine Kontextualisierung der Texte zu erreichen, also über deren Einbettung in die Leserwelt, in die Ängste und Hoffnungen der konkreten Leser/innen.[19]

Das aber verändert biblisches Lernen und letztlich auch die Rolle des Lehrers. Insofern verwundert es deshalb nicht, dass sich Baldermann als einer der wenigen ausdrücklich mit der Rolle des Lehrers beim biblischen Lernen beschäftigt. Der Lehrer ist nicht mehr derjenige, der die Schüler/innen überzeugen muss oder zu einer Entscheidung für den Glauben veranlassen soll. Der Lehrer wird vielmehr zu einem, der versucht Begegnungen mit der Schrift herbeizuführen und dadurch einen Dialog zwischen Text und Schüler auszulösen. Er selbst nimmt an diesem Prozess als Staunender und Betroffener teil.

Baldermann geht also in seinem Konzept von den biblischen Texten und den Erfahrungen, die in ihnen ausgedrückt werden,

---

19 Vgl. Baldermann, I.: Einführung in die biblische Didaktik, 10.13.33.

aus und will sie als orientierende, lebensgestaltende Verheißungen für die Leser/innen fruchtbar machen. Er verfolgt damit ein hermeneutisches Anliegen, das die Texte in den Mittelpunkt stellt. Dass auch die Leser/innen mit ihrem Erfahrungshorizont und ihren Verstehensbedingungen den Sinn von Texten neu, anders erschließen können, ist bei Baldermann noch kaum im Blick. Ähnliches ist beim Konzept von Horst Klaus Berg festzustellen. Auch er stellt den Text in den Mittelpunkt und sucht erst vom Text aus den Leser auf.

Elementare biblische Didaktik nach Baldermann				
	Grundlinien			
Biblische Texte - Psalmen - Narrative Texte - Prophetische Texte	existenzielle Thematiken: ⇨ Angst Hoffnung Leben Tod	Wahrnehmung der Wirklichkeit = Sprachbefähigung leisten Auseinandersetzung mit eigenen Erfahrungen und Emotionen = Emotionale Erziehung ermöglichen Einordnen der Erfahrungen in einen größeren Zusammenhang = Einen Zugang zur Gottesfrage auftun	⇨	Leser soll zum Dialog angeregt werden Angebot orientierender Verheißungen (Bedeutung der Hoffnung)
Umsetzung mittels vielgestaltiger Arbeitsformen: - assoziierendes Gespräch - Erzählen - Freiarbeit - Klangbilder - Nonverbale Gestaltung: Malen, Pantomime - Dramaturgische Formen, Bibliodrama				

Grafik 1: Elementare biblische Didaktik nach Ingo Baldermann

2.2 Der Ansatz biblischen Lernens bei Horst Klaus Berg

Horst Klaus Berg hat mit seinem mehrbändigen Werk „Handbuch des Biblischen Unterrichts"[20] sowie verschiedenen anderen

---

20 Bd. 1: Ein Wort wie Feuer. Wege lebendiger Bibelauslegung, München/Stuttgart 1991; Bd. 2: Grundriss der Bibeldidaktik. Konzepte, Modelle, Methoden,

Artikeln einen grundlegenden Beitrag geleistet, unterschiedliche Ansätze wissenschaftlicher Exegese darzustellen und sie daraufhin zu befragen, was sie „zum Verständnis der biblischen Überlieferung beitragen". Das Spektrum bibeldidaktischen Denkens und Handelns wurde dadurch erfreulich erweitert und hat zu einem lebendigeren Bibelunterricht beigetragen.

Grundlegende Merkmale des Ansatzes von Berg
Berg verfolgt mit seinem Ansatz ein hermeneutisches Konzept. Es geht darum, den Text verstehen zu lernen, die Erfahrungen und „Grundbescheide" (H.K. Berg), die in ihm verarbeitet sind, zum Schwingen zu bringen und für die eigene Existenz auszuloten. Berg geht von einer korrelativen Grundstruktur von Situation und Tradition aus und versucht diese in der biblischen Arbeit einzuholen und zu operationalisieren („Korrelationsdidaktik" und „Kontextdidaktik").

Aus diesem Grund untersucht Berg unterschiedliche Wege zur Bibel wie die historisch-kritische Auslegung, die existenziale, die linguistische u.a., insgesamt 13 verschiedene. Diese versteht er als „hermeneutische Konzepte", die jeweils einen spezifischen Zugang zur Überlieferung eröffnen. Bergs Anliegen ist es nun, das Gemeinsame dieser unterschiedlichen Ansätze in einem integrierenden Konzept zusammenzuführen. Dieses nennt er „Erfahrungsbezogene Auslegung – ein integratives Konzept".

Durch die unterschiedlichen biblischen Lesarten sollen je neue und je andere Wege beschritten werden, um die biblischen Texte so besser verstehen zu können. Damit wird die Frage nach der Erfahrungsrelevanz der Bibel vorbereitet, an der sich entscheidet, inwieweit die Bibel auch in Zukunft von den Menschen als tröstendes, Hoffnung stiftendes und orientierendes Wort Gottes aufgesucht wird. Das ist nach Berg das eigentliche Ziel biblischen Lernens. Nur so können die Barrieren des Relevanzverlustes der Bibel, ihres Evidenzverlustes und Realitätsverlustes überwunden

---

München/Stuttgart 1993; Bd. 3: Altes Testament unterrichten. 29 Unterrichtsvorschläge, München/Stuttgart 1999.

werden. Dass dies nicht an den Inhalten der Bibel vorbei, sondern gerade durch sie erreicht wird, ist das Besondere dieses Ansatzes. Hinzu kommt, dass beide Bewegungen, also sowohl der Erfahrungsbezug als auch die Arbeit an den Inhalten, von dem Gedanken der Einheit der Schrift getragen sind. Biblische Texte des Alten und des Neuen Testaments bringen den einen Text der Bibel zum Ausdruck. Und diesen gilt es in seinem Erfahrungsreichtum und in seiner inhaltlichen Ausgestaltung wahrzunehmen.[21]

Zur Methode – Mehrdimensionale Bibelauslegung
Die unterschiedlichen Auslegungsweisen eröffnen nach Berg den Reichtum eines Textes und lassen erkennen, welche Erfahrungen ihm zugrunde liegen. Deshalb müssen möglichst viele Auslegungsweisen an einen Text angelegt werden. Nur so kann die Reichweite, die die einzelnen Auslegungen für sich erreichen, vergrößert werden.

Es geht also erstens darum, die Erfahrung(en) eines Textes zu heben und damit seinen Erfahrungsbezug zu verdeutlichen. Weil dieser Schritt aber in der Gefahr steht, willkürlich zu verlaufen (Grunderfahrungen wie Angst, Vertrauen, Hoffnung können mit unterschiedlichen Inhalten gefüllt werden), muss er um einen zweiten ergänzt werden. Dieser besteht darin, die Grundlinien der biblischen Überlieferung herauszuarbeiten. Berg nennt sie in Anlehnung an José Severino Croatto auch „kerygmatische Achsen"[22] bzw. führt die Terminologie „Grundbescheide" ein.

Die Konsequenz aus der Verschränkung dieser beiden Schritte ist schließlich die mehrdimensionale Auslegung. Diese umfasst sowohl hermeneutische Konzepte, die Erfahrung erschließen, als auch Ansätze, die die Grundlinien der biblischen Überlieferung zur Geltung bringen.

In diesen Schritten und ihrer Verschränkung scheint nach Berg ein Phänomen auf, das sowohl Ausgangs- als auch Ziel-

---

21 Vgl. Berg, H. K.: Ein Wort wie Feuer, 16–18.450–454.
22 Ebd., 408.

punkt des hermeneutischen Anspruchs des Ansatzes ist. Die biblischen Schriften des Alten und des Neuen Testaments bilden eine Einheit und transportieren damit Erfahrungen, die zusammen gelesen werden müssen. Berg selbst spricht vom Konzept der „wachsenden Überlieferung".[23] Altes und Neues Testament thematisieren Erfahrungen, die Menschen mit Gott gemacht haben und zeigen zugleich, dass diese Erfahrungen Anlass waren, sie immer wieder aktuell zu deuten sowie durch die eigenen Erfahrungen neu zu füllen und zu inkarnieren. Schriftauslegung zielt darauf, diese Wachstumsprozesse bis in unsere Zeit hinein zu verlängern und die Schrift selbst als eine zu entdecken, die durch diese Wachstumsprozesse entstanden ist.

Im Folgenden sollen die einzelnen Schritte der Methode sowie deren hermeneutischer Ausgangs- und Zielpunkt genauer vorgestellt und auf ihren Ertrag für das Auslegungsgeschehen insgesamt befragt werden.

Die Erfahrungsbedeutung heben
Nach Berg wird Erfahrung in den biblischen Texten in drei Ebenen bzw. Situationen relevant: in der Ursprungssituation, in der Wirkungsgeschichte und im Blick auf die Gegenwart.[24]

Für die Ursprungssituation bedeutet das, den Lebensbezug zu verdeutlichen, den ein Text ursprünglich hatte. Es wird gefragt, aus welchen Lebensumständen heraus er produziert wurde, welche er transportiert und zu welchen Lebensumständen er inspirieren wollte. Das bedeutet auch, die existenziellen Fragen, die er thematisiert, sowie „Lösungen", die er anbietet, zu heben. Ein Text wird so nach Berg als Dokument einer konkreten historischen Situation verstehbar und kann damit besser in seiner Aussageabsicht wahrgenommen werden. Die Gefahr der Über- oder Missinterpretation wird damit kleiner.

Wenn man die nachbiblische Rezeptionsgeschichte auf ihre Erfahrungsbestände untersucht, dann ergeben sich auch hier

---

23 Ebd., 450. 453f.
24 Ebd., 418–422.

wichtige Einsichten. Es wird z.B. die Frage wichtig, welche Erfahrungen bei der Tradierung eines Textes als wichtig, welche als unwichtig angesehen wurden und schließlich in Vergessenheit gerieten und welche durch eine bestimmte Zeit wieder reaktiviert wurden und neu ins Gedächtnis kamen. Damit können Erfahrungsbestände kritisch betrachtet werden. Inwieweit haben sie sich zur Ideologie verfestigt, warum wurden bestimmte Erfahrungen vergessen etc. Außerdem wird durch den Vergleich mit den Auslegungen alter Zeiten die Bedingtheit des eigenen Standorts deutlich und so auch die beschränkte Aussagefähigkeit eigener Aussagen und Interpretationen.[25]

Schließlich kann der Blick auf die heutige Auslegungssituation neue Aspekte für den Erfahrungsgehalt biblischer Texte hervorbringen. Zunächst zeigt sich der eigene Erfahrungshorizont als wichtige Bedingung im Verstehensprozess. Es gilt aber ebenso, dass die vom biblischen Text transportierten Erfahrungen auch im Sinne von „Gegenwelten" (Theophil Vogt) zu den eigenen Erfahrungen wirksam werden und diese anzufragen, zu korrigieren und zu vertiefen helfen. Gerade neuere Auslegungswege wie z.B. die interaktionale Bibelarbeit haben Auslegung nicht nur durch Einzelne betrieben und sich damit auf die Erfahrungswelten Einzelner begrenzt, sondern die Gruppe als Auslegungsinstitution bewusst gemacht. Erfahrungen sind damit von vornherein auf die Erfahrungswelten mehrerer bezogen.[26]

Nachdem die unterschiedlichen Situationen veranschaulicht wurden, in denen der Erfahrungsbezug eines Textes relevant werden kann, sollen im Folgenden Schritte aufgezeigt werden, wie die biblischen Grundlinien im Auslegungsverfahren ins Spiel gebracht werden können.

Biblische Grundlinien ins Spiel bringen
Die biblischen Grundlinien helfen, den eher formalen Erfahrungsbegriff inhaltlich zu füllen. Sie ergeben sich aus Inhalten

---

[25] Ebd., 420f.
[26] Ebd., 421f.

und Themen, die in der Bibel vorkommen. Aufbauend auf Arbeiten anderer Theologen wie Wolf Dieter Marsch, Hans Stock, Ingo Baldermann und Jürgen Moltmann entwickelt Berg einen Ansatz, den er Orientierung an den Grundbescheiden biblischer Texte nennt.[27]

Im Unterschied zu den Vorgängerarbeiten setzt Berg nicht darauf, Kategorien zu erzielen, in denen sich das Vielschichtige und Disparate der biblischen Aussagen in Begriffen zusammenfassen lässt. Berg will an den Sprachformen des Alten und Neuen Testaments entlang nach „elementaren Verdichtung[en] von Glaubenserfahrungen und -traditionen"[28] Ausschau halten. Berg nennt diese „Grundbescheide" bzw. „heilsgeschichtliche Abbreviaturen".[29] In ihnen werden Motive in einer Art und Weise angesprochen, die beim Leser eine Fülle von Assoziationen auslösen und diese Motive zugleich heilgeschichtlich aktualisieren.

Berg macht folgende Grundbescheide aus: die Schöpfung, Gott stiftet Gemeinschaft, Gott leidet mit und an seinem Volk und befreit die Unterdrückten, Gott gibt seinen Geist und herrscht in Ewigkeit.[30]

Die Grundbescheide thematisieren zentrale Zusammenhänge des Alten und auch des Neuen Testaments und füllen sie jeweils inhaltlich. Wichtig ist bei Berg, dass grundsätzlich Altes und Neues Testament in den Grundbescheiden zusammenklingen. Ein weiteres Merkmal der Grundbescheide besteht darin, dass sie eine geschichtliche Dynamik kennzeichnet und personalen Charakter haben: Das heißt, Gott nimmt Beziehung zu seinem Volk bzw. zu Einzelnen auf.

Auch wenn Formulierungen anders gewählt und Aufzählungen noch ergänzt werden können, so gilt doch, dass die wichtigsten Linien des Kerygmas des Alten und Neuen Testaments in den Grundbescheiden zur Geltung kommen.[31]

---

27 Ebd., 424–427; ders.: Grundriss der Bibeldidaktik, 70–96.
28 Berg, H. K.: Ein Wort wie Feuer, 428.
29 Ebd., 427–429. 439.
30 Vgl. ebd., 430–436.
31 Vgl. ebd., 429f.

Insgesamt lassen sich damit folgende fünf Funktionen ausmachen, die diese Grundbescheide übernehmen:

1. Grundbescheide erinnern an das Heilshandeln JHWHs an seinem Volk und dienen zur Identifikation des Volkes der Glaubenden.
2. Damit zeigen sie praktische Lebensmodelle auf, die Anregung zum Handeln bieten.
3. Weil diese Lebensmodelle sehr oft den aktuellen Lebensmodellen entgegenstehen, wirken sie kritisch und befreiend.
4. So regen sie zu Veränderungen an, die sich auf Gottes Zusagen selbst beziehen können.
5. Grundbescheide erinnern, dass Gottes Heilsverheißung universale Gültigkeit beansprucht.[32]

Insgesamt zeigt die Arbeit an den Grundbescheiden, dass es nicht darum geht, den Text auf einen verbindlichen Textsinn festzulegen. Die Texte müssen vielmehr in ihrer vielschichtigen Aussagekraft aufgespürt werden. Neben dem Ziel, den Erfahrungsbezug der biblischen Texte wieder zu gewinnen, ist das Aufdecken der Mehrdeutigkeit der Texte das zweite, dem ersten gleichrangige Ziel der Bibelarbeit Bergs.

Ertrag für den Auslegungsprozess
Indem die Frage nach den biblischen Grundbescheiden das Auslegungsgeschehen mitbestimmt, kann die Schrift auf elementare Glaubenserfahrungen konzentriert werden. Das heißt, dass das Auslegungsverfahren insgesamt an die Basis heranführt, die in den Grundbescheiden selbst zur Geltung kommt, weil hier Erfahrungen, die Menschen mit Gott gemacht haben, zur Sprache kommen. Berg verdeutlicht das, indem er anführt, dass z.B. der in der Tradition sehr lange missverstandene Schöpfungsauftrag durch den Grundbescheid „Gott schafft Leben" korrigiert und in seiner eigentlichen Aussageabsicht verdeutlicht wird. Es geht

---

32 Vgl. ebd., 439.

hier nämlich um Leben und Lebensraum für alle und nicht nur für den Menschen oder gar für eine privilegierte Klasse von Menschen.[33]

Ferner motivieren Grundbescheide dazu zu fragen, was sie für heute bedeuten. Sie regen an, die biblischen Texte und die in ihnen aufgeworfenen Themen als Gesprächspartner zu entdecken. Damit sind auch Laien als kompetente Ausleger biblischer Texte ernst genommen und sogar gefordert.[34] Grundbescheide stimulieren, gegenwärtige Praxis durch entdeckte „Botschaften der Texte" zu befragen und zu verändern.

Zusammenfassend lässt sich festhalten, dass im Ansatz Bergs die Ausrichtung an den Grundbescheiden die Art und Weise ist, den Erfahrungsbezug der Texte einzuholen. Indem nach den Grundbescheiden gefragt wird, wird die Erfahrungsdichte der Texte konkretisiert.

Mehrdimensionale Bibelarbeit als Ergebnis
Als Ergebnis all dieser Überlegungen plädiert Berg dafür, möglichst viele Interpretationswege an einem biblischen Text zu erproben und ihn damit mehrdimensional auszulegen.

Damit wird eingelöst, dass es nicht darum geht, einen vermeintlichen Skopus eines Textes ausfindig zu machen, sondern vielmehr die Vielheit und Differenziertheit des Textsinns herauszuarbeiten. Berg sieht dazu folgende Schritte vor:

1. Den Text einfach zu lesen, das heißt, als Wort Gottes wahrzunehmen, das auch an mich gerichtet ist. Es gilt, sich den Anfängergeist zu bewahren, also mit einem unverstellten, offenen, „nicht-wissenden" Blick an den Text heranzugehen.[35] Damit solle eine „Zuschauerhermeneutik" aufgegeben werden zugunsten einer stellungnehmenden Lektüre.[36]

---
33 Vgl. ebd., 440.
34 Vgl. ebd., 441f.
35 Vgl. Berg, H.K.: Grundriss der Bibeldidaktik, 150; ders.: Bibeldidaktische Leitlinien, 129.
36 Vgl. Berg, H.K.: Ein Wort wie Feuer, 444.

2. Schließlich muss man die biblischen Schriften auch in ihrer Fremdheit wahrnehmen und darf sie nicht vorschnell vereinnahmen. Nur aus der Distanz kann auch so manches Ungesehene und Übersehene seine Wirkung auf die Leser/innen entfalten.[37]
3. Dann ist es wichtig, dass der Text nicht auf eine Aussage festgelegt, sondern in seinen verschiedenen Schichten, Gewordenheiten, Intentionen und Botschaften wahrgenommen wird. Der Verzicht auf die Festlegung eines verbindlichen Sinns ist Ausdruck für den Respekt vor der Andersheit und auch Unausschöpflichkeit der biblischen Überlieferung.
4. Weil die Bibel selbst auf eine Weitergestaltung in der Zeit und über die Zeit hinaus drängt, muss nach Wegen gesucht werden, ihre Erfahrungen weiterzuschreiben. Wie kann die Bibel zu einem Handeln anstiften, das Leben gelingen lässt?
5. Schließlich geht es darum, nicht nur kognitive Verfahren zu wählen, sondern auch Möglichkeiten des biblischen Lernens anzuwenden, die alle Sinne ansprechen und den Leser und den Text miteinander in ein Gespräch bringen.[38]

Dass Bergs Konzept der mehrdimensionalen Bibelarbeit in der praktischen Arbeit so viel Anklang fand, hat sicher auch damit zu tun, dass er seinen Ansatz nicht absolut setzt. Ihm geht es nicht darum, einen „neuen Heilsweg" festzulegen, sondern die Leser/innen zu motivieren, sich auf möglichst vielen und unterschiedlichen Wegen den Texten und ihren Erfahrungen anzunähern.

---

37 Vgl. ebd., 444f.
38 Vgl. ebd., 446–448.

Vom Text zum Subjekt: Hermeneutische Bibeldidaktik 37

Erfahrungsbezogene Auslegung – Ein integratives Konzept nach Horst Klaus Berg

| Biblische Texte | Leser |

Erfahrungen des Textes heben
- Ursprungssituation
- Wirkungsgeschichte
- Blick auf die Gegenwart

Grundbescheide = Grundlinien der biblischen Überlieferung zum Schwingen bringen
- die Schöpfung
- Gott stiftet Gemeinschaft
- Gott leidet mit und an seinem Volk und befreit die Unterdrückten
- Gott gibt seinen Geist und herrscht in Ewigkeit

Funktion der Grundbescheide
1. Erinnern an das Heilshandeln JHWHs
2. Zeigen praktische Lebensmodelle auf, die zum Handeln anregen
3. Kontrastieren diese Lebensmodelle gegenüber den je aktuellen und wirken befreiend
4. Regen Änderungen an, die der Zusage Gottes gewiss sind
5. Gottes Heilsverheißung beansprucht universale Gültigkeit

Mehrdimensionale Bibelauslegung als Methode:

Erfahrungsbedeutung heben
– Biblische Grundlinien
– ins Spiel bringen

Biblische Texte zeigen sich als Hoffnung stiftendes, orientierendes Wort Gottes

Nutzung möglichst vieler Wege der Auslegung:
- historisch-kritisch
- existenzial
- linguistisch etc.

Grafik 2: Erfahrungsbezogene Auslegung – Ein integratives Konzept nach Horst Klaus Berg

2.3 Kritische Würdigung

Baldermann und Berg haben mit ihren Ansätzen entscheidend dazu beigetragen, Bibelarbeit zu verlebendigen. Die Bibel wird erkennbar als Lebensbuch, dessen verdichtete Erfahrungen auch für heutige Leser/innen, und zwar jeden Alters, orientierend sein können.

Gerade die Bedeutung, die Baldermann der Sprachbefähigung von Kindern in Bezug auf schwierige, ja lebensbedrohliche Erfahrungen zumisst, war sowohl für die Bibeldidaktik als auch die Religionsdidaktik insgesamt ein wichtiger Impuls. Dass die Bibel letztlich die Menschen zu einer Hoffnung inspirieren will, die nicht einfach durch menschliches Vermögen abzudecken ist, sondern die in Gott selbst wurzelt, daran konnte Baldermann bleibend erinnern.

Sein Ansatz verband damit eine nicht wenig scharfe Kritik an der historisch-kritischen Methode. Baldermann wirft ihr vor, aus dem lichten und von den Festen der Menschen belebten Haus der Bibel ein Museum gemacht zu haben, in dem nur der Muff vergangener Tage west.[39]

Schwierig an Baldermanns Konzept ist, dass er den „garstigen Graben" zwischen der Entstehungszeit der biblischen Texte und unserer Zeit nicht problematisiert. Er geht vielmehr davon aus, dass es diesen Graben gar nicht gibt. Die Texte sind seiner Meinung nach aus sich selbst verstehbar. Damit wird zwar richtig ausgesagt, dass in biblischen Texten menschliche Grunderfahrungen transportiert werden, die auch heute noch ihre Gültigkeit besitzen. Dennoch liegt ihre Zugänglichkeit nicht einfach unverstellt vor Augen. Verstehen zu können, was ein prophetischer Botenspruch meint, literarische Gattungen z.B. der Berufungsgeschichten zu kennen und entsprechende Erzählungen angemessen einordnen zu können, deutet lediglich an, wie wichtig auch

---

39 Vgl. dazu das eindrückliche Bild, das Baldermann von Carlo Mesters übernommen hat und an den Beginn seiner Überlegungen zum biblischen Lernen gestellt hat. Baldermann, I.: Ich werde nicht sterben, sondern leben, 11.

die Vergewisserung von Entstehungskontexten und deren Verstehensbedingungen bzw. „Enzyklopädien" ist. Besonders eindringlich wird das Problem der historischen Distanz der biblischen Texte zu unseren heutigen Fragen bei schwierigen Bibeltexten wie z.B. Gen 22 oder auch der Passionsgeschichte Jesu und damit der Frage, wie Gott zu verstehen ist.

Ein weiterer Kritikpunkt am baldermannschen Ansatz ist die fehlende Kriteriologie bei der Auswahl der Texte. Letztlich wählt Baldermann z.B. bei den Psalmen solche aus, die für ihn selbst bedeutsam sind. Das aber ist zu wenig. Auch sperrige Texte, die unseren Erfahrungen entgegen liegen, bergen die Chance in sich, gerade aufgrund der Erkenntnisse historisch-kritischer Exegese besser verstanden zu werden.

Schwierig ist ferner, dass Baldermann aufgrund der Unmittelbarkeit, mit der er biblische Texte sprechen lässt, gerade für Kinder kaum noch genügend Distanzspielräume einbaut. Es ist zu fragen, ob in den vorgeschlagenen Lernarrangements Kinder die Möglichkeit haben, sich gegenüber der göttlichen Wirklichkeit herauszuhalten bzw. sie zuerst kennenzulernen und über sie nachzudenken, bevor sie zu ihr in eine existenzielle Beziehung treten. Trotz dieser kritischen Einwände gilt, dass Baldermann zu den bedeutendsten Bibeldidaktikern der Gegenwart zählt.

Berg zeichnet sich gegenüber dem Ansatz Baldermanns dadurch aus, dass er gar nicht erst in den Verdacht kommt, Erfahrungen gegen Inhalte auszuspielen. Wissenschaftliche und lebensgeschichtliche Auslegungsverfahren fügen sich komplementär und nicht einander ausschließend zusammen. Bergs Ansatz gewinnt, indem unterschiedlichste Auslegungsweisen miteinander verschränkt und kombiniert werden. Es gilt nicht mehr, den *einen* Textsinn herauszufinden, sondern die Vielschichtigkeit der Texte zu entdecken und ihre orientierende und lebensstiftende Kraft für die Gestaltung der Gegenwart zu entfalten.

Interessant ist, dass sich bei Berg schon erste Spuren einer rezeptionsästhetischen Färbung des Auslegungsverfahrens finden. Zumindest zeigt sich, dass Bergs Konzept eine Offenheit dafür hat. Wenn Berg von der wachsenden Überlieferung spricht, dann gebraucht er das Bild von der wachsenden Stadt, deren alter Kern um neue Häuser und Siedlungen ergänzt wird.[40] Obwohl daran noch nichts Besonderes ist, zeigt sich, dass nicht nur die Häuser das schlechthin Neue ausmachen. Vielmehr sind das die Menschen, die in den neuen Häusern wohnen und aufgefordert sind, auch die Erfahrungsräume der alten Häuser nicht leerstehen zu lassen. Mit anderen Worten: Es sind die Ausleger/innen, die die Inhalte mit Leben füllen und überhaupt wieder ins Bewusstsein bringen.

Auch wenn diese Metapher nicht überzogen werden darf, kann man daraus zumindest eine Offenheit ablesen, die Rolle des Auslegers gegenüber dem Text zu stärken. Ähnlich argumentiert Berg, wenn er im Rahmen der Erklärung der Kontextdidaktik festhält, dass sich durch veränderte Kontexte auch Textrezeptionen verändern.[41] In der letzten Konsequenz werden aber erst rezeptionsästhetische Verfahren die Bedeutung des Lesers als Sinnstifter des Textes einholen.

Hatten die hermeneutischen Zugänge das biblische Lernen grundlegend erneuert, so bleibt aus heutiger Sicht festzustellen, dass all deren Bemühungen vom Text ausgehen und auf den Text zielen. Es geht darum, die Sinnmöglichkeiten des Textes zu heben. Das geschieht zwar nicht losgelöst von den Verstehensbedingungen der Menschen. Es ist aber nicht im Blick, dass der Leser den Text mitkonstituiert und selbst Sinn stiftet. Das Subjekt kommt weiterhin lediglich als Adressat des Textes vor. Die Erfahrungen, die im Text verdichtet sind, sind als Botschaften für den Leser zu entziffern und sollen in das Leben des Lesers übersetzt werden. Der Text fragt den Leser an und transformiert ihn. Der Leser aber hat bei den hermeneutischen Ansätzen noch

---

40 Vgl. Berg, H.K.: Ein Wort wie Feuer, 453f.
41 Vgl. Berg, H.K.: Grundriss der Bibeldidaktik, 129–132. Obwohl Berg die theoretische Grundlagen entwickelt, den Leser und dessen Lebenswelt als textkonstituierende Größen ins Spiel zu bringen, zieht er die entsprechenden Konsequenzen für die konkreten Schritte der mehrdimensionalen Bibelarbeit nicht.

nicht die Kompetenz, den Text zu verändern. Das leisten die rezeptionsästhetischen Verfahren.

3. Vom Subjekt zum Text: Rezeptionsästhetische und entwicklungsorientierte Ansätze

Die Bedeutung des Subjekts für das Textverstehen sowie für die Generierung von Textsinn wurde von zwei Seiten aus befördert, nämlich den rezeptionsästhetischen Ansätzen und den entwicklungspsychologisch orientierten. Schon hier gilt es festzuhalten, dass in der Bibeldidaktik zwar das Plädoyer, den Leser als Sinnstifter einzuholen, durchaus bewusst ist. Es finden sich bislang aber keine ausgearbeiteten Konzepte dazu. Wenn also im Folgenden von rezeptionsästhetischen Ansätzen die Rede ist, so handelt es sich eher um erste bibeldidaktische Skizzen, das rezeptionsästhetische Anliegen aufzugreifen.

3.1 Rezeptionsästhetische Ansätze in der Bibeldidaktik

Die Rezeptionsästhetik hat darauf aufmerksam gemacht, dass sich der Sinn eines Textes durch den Vorgang der Rezeption erschließt. Mit anderen Worten: Der Textsinn wird erst durch die Leser/innen und Hörer/innen eines Textes verwirklicht. Das Subjekt kommt in seiner schöpferischen Aktivität zum Tragen. Insofern ergänzen sich die Ansätze einer rezeptionsästhetischen und einer entwicklungsorientierten Bibeldidaktik. Beide nehmen ernst, dass die Sinngenerierung von den Subjekten und deren Bedingungen abhängig ist sowie vom Prozess, der durch die Begegnung von Text und Subjekt ausgelöst wird. Neben dem Entstehungskontext eines Textes, auf den vor allem die historisch-kritische Methode abhob, und dem Text selbst, den die hermeneutischen Verfahren fokussieren, rücken die Rezeptionsästhetik und die entwicklungsorientierten Ansätze das Subjekt als sinnproduktive Größe in den Mittelpunkt der Überlegungen.

In der Bibeldidaktik haben die Arbeiten von Thomas Meurer, Burkard Porzelt, Michael Fricke u.a. die Rezeptionsästhetik stark gemacht und erste Möglichkeiten skizziert, wie das rezeptionsästhetische Paradigma biblisches Lernen befruchten kann.

Bibelbegegnung als ästhetisches Geschehen
Meurer will herausfinden, welche Kriterien es für eine textgemäße Adressatenbezogenheit gibt, die zum einen die Konstruktion des Adressaten im Blick hat und zum anderen die Konstruktion des Textes. Er nimmt ernst, dass sowohl der Text vom Subjekt abhängt als auch das Subjekt vom Text angefragt wird. Der Text und das Subjekt werden in ihrem Eigenanspruch wahrgenommen. Meurer kann außerdem die Kirche als Auslegungsgemeinschaft biblischer Texte im Auslegungsprozess geltend machen.[42]

Diese Feststellungen ergänzt Meurer durch die Aussage, dass die Begegnung von Text und Subjekt ein ästhetisches Geschehen sei. Damit ist gemeint, dass die Begegnung, die sich ereignet, nicht erst dann an ihr Ziel kommt, wenn sie etwas Drittes hervorbringt wie beispielsweise eine Handlung oder den begrifflichen Ausdruck eines Textgehalts. Die Begegnung zwischen Text und Subjekt ist selbst schon Ästhetik. Damit versucht Meurer aufzuzeigen, dass der Text in sich Erschließungskräfte im Leser hervorruft. Der Text lädt den Leser ein, ihn zu erschließen, zu deuten und schöpferisch in die eigene Lebenswelt zu übersetzen. Der Prozess selbst ist das Ziel. Insofern ist eine solche Bibeldidaktik ergebnisoffen.

Nicht das Misslingen der Vermittlung biblischer Kenntnisse, Einsichten oder Haltungen, sondern die Frage, inwieweit ein Prozess freigesetzt werden konnte, entscheidet darüber, ob und wie biblischer Unterricht gelingt. Dieser Prozess findet nicht jenseits exegetischen Fachwissens statt, sondern integriert es. Biblisches Fachwissen ist nicht mehr der Lerninhalt, sondern

---

42 Vgl. Meurer, Th.: Auf der Suche nach Kriterien, 72; ders.: Das Fremde unmittelbar oder das Unmittelbare fremd machen?, 6–10.

stellt eine Rahmenbedingung des Begegnungsgeschehens von Text und Subjekt dar.[43]

Schüler/innen als Ko-Produzent/innen biblischer Texte
Michael Fricke bezieht sich in seiner Habilitationsschrift ‚*Schwierige' Bibeltexte im Religionsunterricht*[44] auf das rezeptionsästhetische Paradigma, wobei er eine radikale Rezeptionsästhetik abmildert und lieber von Rezeptionshermeneutik spricht.[45] Rezeptionsästhetik bedeutet für Fricke, die Äußerungen von Kindern als theologische Äußerungen zu verstehen. Kinder werden so als Ko-Produzent/innen biblischer Texte gewürdigt. Fricke zeigt, dass die Polyvalenz der Erzählungen auch durch den Leser, sprich die Kinder, begründet ist. Das wiederum bedeutet, die Individuallesarten eines Textes laut werden und als Interpretationen eines Textes gelten zu lassen. Freilich müssen diese an die Auslegungsgemeinschaft rückgebunden werden. Diese konkretisiert sich in den Mitleser/innen und bei biblischen Texten auch in der Auslegungsgemeinschaft der Kirchen. Der Akt des Lesens wird zum schöpferischen Akt. Bibeldidaktik muss es deshalb leisten, den Lesern einen Raum zu eröffnen, um Begegnungen mit dem Text anstellen und daraus Deutungen gewinnen zu können. Diese gilt es, mit den Auslegungen anderer zu konfrontieren. Das heißt in einem ersten Sinn mit den Auslegungen der Klassengemeinschaft und in einem weiteren Sinn mit den Auslegungen der Traditionsgemeinschaft(en).[46]

Auch wenn die einzelnen Ansätze in der Betonung des einen oder anderen Aspekts variieren, so bringt die Rezeptionsästhetik insgesamt zu Gehör, dass sowohl der Text und seine auf den Leser ausgreifende Kraft als auch der Leser und seine Verste-

---

43 Vgl. Meurer, Th.: Bibeldidaktik als ästhetische Rekonstruktion, 81–87.
44 Göttingen 2005.
45 Vgl. Fricke, M.: „Schwierige" Bibeltexte im Religionsunterricht, 228f.
46 Vgl. ebd., 230–232.

hensbedingungen und Absichten den Prozess des Textverstehens bedingen.

3.2 Kinder und Jugendliche als Exegeten – Zu den bibeldidaktischen Vorschlägen von Friedrich Schweitzer und Anton A. Bucher

Die entwicklungsorientierten Ansätze können als eine Weise interpretiert werden, die rezeptionsästhetischen Verfahren bezüglich der Verstehensbedingungen zu konkretisieren. Mit Ingo Baldermann hatte eine Bewegung in der Bibeldidaktik eingesetzt, die die Kinder als Subjekte der Entdeckungen in der Bibel ernst nahm. Wie oben schon deutlich wurde, ging es aber weder darum, die Bedeutung der Subjekte für das Textverstehen und die Sinngenerierung zu gewichten, noch die entwicklungspsychologische Verfasstheit der Kinder zu bedenken. Friedrich Schweitzer[47] und Anton A. Bucher[48] schlagen nun gerade dies vor.

Kinder und Jugendliche als Exegeten –
Bibeldidaktik, die von den Kindern und Jugendlichen ausgeht
Sensibilisiert durch die Ergebnisse seiner großen Studie *Die Religion des Kindes*[49] macht Schweitzer darauf aufmerksam, dass didaktische Konzepte auch in der Bibeldidaktik von den Kindern und Jugendlichen her zu konzipieren sind.[50] Schweitzer bringt dazu die Rede von Kindern und Jugendlichen als Exegeten in die Diskussion ein. Er will zum Ausdruck bringen, dass sie ihre je eigenen Denkweisen besitzen, die im biblischen Auslegungspro-

---

47 Vgl. Schweitzer, F.: Kinder und Jugendliche als Exegeten?, 106.
48 Vgl. z.B. Bucher, A.A.: Verstehen postmoderne Kinder die Bibel anders?, 135–147.
49 Gütersloh 1992.
50 Vgl. Schweitzer, F.: Die Konstruktion des Kindes in der Bibeldidaktik, 124f.; ders.: Wie Kinder und Jugendliche biblische Geschichten konstruieren, 199–208; vgl. auch Baumann, M.: Bibeldidaktik als Konstruktion eines autonomen Subjekts, 37f.

zess berücksichtigt werden müssen. Deshalb plädiert er für einen Bibelunterricht, der sich als „Theologie mit und von Kindern versteht"[51] und folgende Kriterien erfüllt: Kinder müssen als aktive Rezipienten im Sinne der Rezeptionsästhetik ernst genommen werden. Deren Deutungs- und Rezeptionsweisen sind als angemessene Zugänge zur Bibel wertzuschätzen. Und schließlich müssen Kinder zu einem auslegenden Umgang mit der Bibel ermutigt werden.[52] Das bedeutet konkret, dass Kinder mit biblischen Texten vertraut werden. So kann biblisches Lernen in einem ersten Sinn auch als Sprachschulung verstanden werden.

Konsequenzen für das Textverständnis
Insgesamt betonen die entwicklungsorientierten Ansätze, dass weder von *einem* Textsinn auszugehen ist noch von einem Textsinn an sich. Ein Text erschließt sich vielmehr durch die Interaktion von Leser und Text. Diese Interaktion hängt sowohl vom Potenzial des Lesers als auch des Textes ab. Damit kann für das Auslegungsgeschehen festgehalten werden, dass sowohl die kognitiven Verstehensbedingungen als auch die kontextuellen eine wichtige Rolle spielen.

Kalevi Tamminen konkretisierte beispielsweise durch seine Studien in Finnland, wie das gemeint ist. Er zeigte, dass sich Säkularisierungseffekte auch auf das Bibelkonzept von Kindern auswirken. Ob die Bibel eher als heiliges Buch oder etwa als Märchenbuch gesehen wird, als Buch, das von Gott geschrieben ist oder eher als Buch, das Erfahrungen von Menschen mit Gott transportiert, ist abhängig von der religiösen Sozialisation der Kinder und dem Stellenwert, den eine Religion in einer Gesellschaft und Kultur einnimmt. Für bibelpsychologische Rezeptionsstudien bedeutet das, die Bedeutung von zeit- und mentalitätsgeschichtlichen Kontexten berücksichtigen zu müssen.[53]

---

51 Vgl. Schweitzer, F.: Kinder und Jugendliche als Exegeten?, 107; ders.: Die Konstruktion des Kindes in der Bibeldidaktik, 133.
52 Vgl. Schweitzer, F.: Kinder und Jugendliche als Exegeten?, 107.
53 Vgl. Tamminen, K.: Religiöse Entwicklung in Kindheit und Jugend, 145–166. Interessant ist in diesem Zusammenhang das interdisziplinäre Forschungspro-

Insgesamt gehen entwicklungsorientierte Ansätze genauso wie rezeptionsästhetische davon aus, dass so viele Interpretationen aus einem Text provoziert werden, als Leser/innen existieren. Auch für das biblische Lernen muss ernst genommen werden, dass sich Texte nicht einfach im kognitiven System der Rezipienten abbilden. Die Text-Rekonstruktion ist vielmehr eine aktive und eigenständige Leistung der Leser/innen, die zu würdigen ist. Man kann deshalb in diesem Zusammenhang von einem „Lesepluralismus" sprechen, der auch für die biblischen Texte gilt.[54]

Entwicklungspsychologische Bedingtheit des Verstehens
Für das Verstehen biblischer Texte durch Kinder und Jugendliche ist deshalb ein großes Augenmerk darauf zu richten, welche kognitiven und affektiven Strukturen ihnen zur Verfügung stehen und welche nicht. Gerade im Hinblick auf die Auslegung von Gleichnissen, Wundergeschichten sowie der metaphorischen Rede insgesamt ist hier schon viel gearbeitet worden.[55]

Erste Naivität versus historisch-kritische Erkenntnisse?
Die Frage, die sich einer entwicklungsorientierten Bibeldidaktik freilich stellt und die sowohl ihre Tragweite als auch ihre Grenze markiert, besteht im Umgang mit Auslegungen von Kindern und Jugendlichen, die den historisch-kritischen Erkenntnissen widersprechen.

---

jekt an der Universität Münster, das zu rekonstruieren versucht, wie Menschen aus unterschiedlichen Milieus Alltagsexegese betreiben bzw. welche Erkenntnisse die wissenschaftliche Exegese aus der Alltagsexegese ziehen kann. Gabriel, K./ Ebner, M./Erzberger, J. u.a.: Bibelverständnis und Bibelumgang in sozialen Milieus in Deutschland, 87–103.

54 Vgl. Bucher, A.A.: Verstehen postmoderne Kinder die Bibel anders?, 138.
55 Vgl. z.B. Bucher, A.A.: Gleichnisse verstehen lernen; ders.: Verstehen postmoderne Kinder die Bibel anders?, 140–144; ders.: Bibelpsychologie, 125–129; Bee-Schroedter, H.: Neutestamentliche Wundergeschichten im Spiegel vergangener und gegenwärtiger Rezeptionen; Hermans, C.: Wie werdet ihr die Gleichnisse verstehen?; Blum, H.: Biblische Wunder – heute; vgl. auch schon sehr früh, nämlich 1964, Goldman, R.: Religious Thinking from Childhood to Adolescence.

Anton A. Bucher u.a. haben in anderem Zusammenhang dafür plädiert, Kindern zuzugestehen, Texte auch „unrichtig" zu verstehen[56] und Kindern ihre „erste Naivität" zu belassen. Wichtig sei dabei, Kinder nicht auf dieses unrichtige Verstehen biblischer Texte im Sinne der historisch-kritischen Exegese zu fixieren, sondern das Verstehen der Texte vielmehr entwicklungsoffen zu halten, so dass weitere Erkenntnisse dazu kommen können.[57]

3.3 Bibeldidaktik als Ermöglichungsdidaktik – Der Ansatz von Joachim Theis

Ein ähnliches Anliegen wie Friedrich Schweitzer und Anton A. Bucher verfolgt Joachim Theis mit seinem bibeldidaktischen Ansatz. Dieser wird im Folgenden etwas ausführlicher dargestellt, weil er wichtige Einsichten für das Konzept der bibeltheologischen Didaktik bereitstellt. Auch Theis geht es darum, die Bedingungen zu studieren, die bei Schüler/innen ein Textverstehen bewirken.

Anders jedoch als Schweitzer und Bucher hebt Theis darauf ab, die sprachpsychologischen und -philosophischen Verstehensvoraussetzungen, Verstehenswege und Verstehensprozesse zu ergründen, die ein Textverstehen begründen. Es geht um die Beziehung von Text und Versteher, also um die Prozesse, die in den Schüler/innen ablaufen, wenn sie einen Text lesen. Wenn diese erforscht sind, so schlussfolgert Theis, dann müssen diese Prozesse auch „verfügbar" gemacht werden.[58] Bibeldidaktik zeigt sich so als Ermöglichungsdidaktik, Schüler/innen überhaupt die Bedingungen zur Verfügung zu stellen, die ein Verstehen des Textes ermöglichen bzw. erhöhen.

---

56 Vgl. Wegenast, K. und Ph.: Biblische Geschichten dürfen auch „unrichtig" verstanden werden, 246–263.
57 Vgl. Bucher, A. A.: Kindertheologie, 21; ders.: „Wenn wir immer tiefer graben, kommt vielleicht die Hölle.", 254–262.
58 Vgl. Theis, J.: Biblische Texte verstehen lernen, 13; ders.: Verstehen von Bibeltexten, 609.

Bibelverstehen als aktiver Verarbeitungsprozess
Verstehen zeigt sich seiner Erkenntnis nach als ein dynamisches Geschehen, das von mehreren Faktoren abhängt. Dabei muss man zwischen objektiven und subjektiven Voraussetzungen unterscheiden. Ziel ist es, durch eine Begegnung von Text und Rezipient überhaupt ein Textverstehen zu erreichen. Das ist abhängig von der Komplexität des Textes, den Bedingungen des Rezipienten und dem in der Begegnung ablaufenden Prozess. Allein dadurch ergeben sich unendlich viele Möglichkeiten des Textverstehens.

Mit Hilfe der Sprechakttheorie und der kognitiv orientierten Sprachverarbeitungsforschung untersucht Theis, mit welchen Strategien ein Leser die Informationen aufnimmt, die ein Text anbietet. Er kann zeigen, dass diese auf der Zielsetzung des Lesers beruhen. Sie sind also beeinflusst davon, was der Leser mit dem Lesen eines Textes erreichen will, ebenso wie von seinen Sinnerwartungen und von seinem Vorwissen. Diese kognitiven Strukturen helfen dem Leser, die Informationen neu zu organisieren und zu assimilieren. Der Leser passt sozusagen den Text den eigenen Denkstrukturen an. Das ist die eine Seite des Textverstehens.

Die andere Seite besteht darin, dass der Text die Denkstrukturen des Lesers auch verändert. Indem ein Text und seine Informationen in die Verstehenswelt des Lesers integriert werden, kommt es zu einem neuen Verstehen. Das wiederum ist von verschiedenen Bedingungen abhängig: von inhaltlichen, sozialen, situativen und besonders mentalen.

Um diese Verstehensprozesse analysieren zu können, greift Theis auf die kognitiv ausgerichtete Psychologie zurück und kommt zu folgenden Aussagen: Menschen reduzieren komplexe Verstehensvorgänge auf deren wesentliche Eigenschaften und erreichen so ein Verstehen. Mit anderen Worten: Es fällt Menschen schwer, mit Dingen und Zusammenhängen umzugehen, die nicht in ihr bisheriges Verstehen und in ihre bisherigen kognitiven Strukturen passen. Die Möglichkeiten, darauf zu reagieren, sind unterschiedlich. Sie reichen von der Nicht-Wahrnehmung einer sperrigen Aussage bis dahin, diese durch Ausweitung und Veränderung der bislang verfügbaren kognitiven Strukturen angemessener verstehen zu können. Letzteres wird in Anlehnung an Jean Piaget als Akkomodation bezeichnet.[59]

Insgesamt zeigt sich damit das Verstehen eines Textes als in hohem Maße aktiver und konstruktiver Prozess. Die Textbedeutung wird vom Leser schrittweise aufgebaut. Das wiederum zeigt, wie stark das Textverstehen auch von den Fähigkeiten des Lesers abhängt. Ziel didaktischer Prozesse muss es deshalb nach Theis sein, die Verstehensbedingungen zu verändern. Das heißt auch, das Vorwissen des Lesers zu verbessern sowie die Erwartungen, Haltungen und Voreinstellungen des Verstehers in den Blick zu nehmen. Es gilt, die eingehenden Textinformationen mit den Verstehensbewegungen, die der Leser an den Text heranträgt, in Verbindung zu bringen. Das aber ist auch abhängig von dem Ziel, das ein Leser mit einem Text verfolgt.

Insgesamt kann damit der Verstehensprozess als „kommunikatives, kognitives und affektiv-emotionales System"[60] verstanden werden, das von mehreren Faktoren abhängig ist. Das Textverstehen ist allerdings nicht nur als subjektives und individuelles Geschehen zu deuten. Es ist eingebettet in eine Kultur des Verstehens und steht damit in Verbindung mit Verstehensprozessen anderer Leser. Das ist eine wichtige Ergänzung: Textverstehen ist also sowohl ein kognitiver Prozess, der im einzelnen Leser abläuft, als auch ein sozialer Prozess. Die Frage ist nun, was diese Erkenntnisse für eine biblische Didaktik bedeuten.

Herausforderungen für eine Bibeldidaktik
Insgesamt hat sich bei Theis' Überlegungen gezeigt, dass Verstehen eine Doppelbewegung kennzeichnet: von den Schüler/innen zu den Texten und umgekehrt von den Texten zu den Schüler/innen. Diese Doppelbewegung selbst ist ein aktiver und konstruktiver Prozess.

---

59 Vgl. Theis, J.: Biblische Texte verstehen lernen, 108f.
60 Ebd., 110.

Eine Bibeldidaktik muss nun so strukturiert und begründet werden, dass durch sie „biblische Verstehensprozesse ermöglicht, initiiert und begleitet werden können".[61] Das bedeutet, dass eine Bibeldidaktik sowohl die Beziehung von Text und Versteher berücksichtigen und befördern muss als auch den Kontext, der sich durch die Verstehergemeinschaft ergibt. Erst dann lassen sich didaktische Prinzipien formulieren.

Die Beziehung von Text und Versteher
Die grundsätzliche Bedingung für ein Verstehen bildet die Begegnung von Text und Versteher. Diese erste Begegnung führt zu einem Vorverständnis des Textes, das sehr einflussreich für das Textverstehen ist und normalerweise auch recht stabil bleibt. Das ist der Anstoß für eine Kommunikation zwischen Text und Versteher, die sowohl beim Versteher Sinnfindungen auslöst als auch den Text verändert. Das setzt Bereitschaft und Fähigkeit zur Kommunikation voraus. Bibeldidaktik muss demnach beim Versteher eine Verständigungsbereitschaft ermöglichen, die zu einer Verständigungssituation wird und die Kommunikationsfähigkeit des Lesers anerkennt sowie zu erweitern versteht.[62] Damit ist ein erstes Anliegen einer Bibeldidaktik formuliert.

Ein zweites Anliegen ergibt sich aus der Tatsache, dass Gegenstände, und dazu gehören auch Texte, nicht einfach fotografisch wahrgenommen, sondern kategorisiert werden. Das heißt, dass sie mit bestimmten Kategorien belegt und in das bisherige Weltwahrnehmen eines Menschen integriert werden. Für einen biblischen Text bedeutet das z. B., ihn in seiner religiösen Bedeutung wahrzunehmen. Das aber setzt beim Versteher voraus, dass er das auch kann. Erst ein bestimmtes „Musterwissen" ermöglicht ihm, einen biblischen Text auch als solchen zu erkennen. Bibeldidaktik muss sich so gesehen darum bemühen, den Schüler/innen Wege zu eröffnen, ihre vorhandenen „biblischen Bestände" und Sinnstiftungen abrufen zu können, wenn

---
61 Ebd., 242.
62 Vgl. ebd., 243–245.

sie einen neuen Text lesen. Damit sind sowohl die kognitiven als auch die affektiven Bestände gemeint. Erst wenn klar ist, welche Inhalte für die Schüler bedeutsam sind, kann man danach fragen, wie ein biblischer Text für die Schüler/innen Bedeutung gewinnen kann. Für die konkrete Arbeit bedeutet das auch, dass Inhaltsbereiche eines Textes abgegrenzt und Konzepthierarchien freigelegt werden müssen, damit es Schüler/innen möglich wird, die vielen Informationen, die ein Text bietet, auf ihre Art und Weise zu reduzieren und zu organisieren.

Drittens schließlich ist zu bedenken, dass sich biblisches Verstehen immer nur in der Teilnehmer/innenperspektive ereignet. Einen biblischen Text oder die Lernenden zu verobjektivieren und sie damit ihrer Subjekt- und Kommunikationsfähigkeit zu entziehen bedeutet, biblisches Verstehen zu verunmöglichen. Sowohl der Text als auch der Versteher müssen in einen wechselseitigen Dialog treten können, in dem deren jeweilige Lebenswelt zum Schwingen kommt. Dieser Dialog beinhaltet auch Konflikte. Diese sind vorprogrammiert, insofern sich die Lebenswelt der Versteher nicht mit der Lebenswelt der biblischen Texte deckt. Damit wird die eine Größe für die andere auch zur kritischen Anfrage. Diesen Konflikt zu bearbeiten bedeutet nach Theis: lernen. Für eine Bibeldidaktik ergibt sich die Aufgabe, Räume, Zeiten und Wege zu eröffnen, einen Dialog zwischen den Verstehern und deren Lebenswelten und den Texten und deren Traditionen in Gang zu setzen. Es geht um zweierlei: Zum einen muss es ermöglicht werden, das eigene Leben, Verstehen und Sinnempfinden im „Becken der Tradition" lesen und anfragen zu lernen. Das wiederum setzt die Fähigkeit voraus, zu den Texten und deren Entstehungssituationen nicht nur in Kontakt treten, sondern auch auf Distanz gehen zu können. Zum anderen ist es aber auch nötig, dass das biblische Verstehen im Kontext der aktuellen Lebenswelt der Schüler/innen zum Tragen kommt.

Viertens schließlich zeigt sich, dass eine Bibeldidaktik im Blick haben muss, dass die Begegnung von Text und Versteher ein unaufhörlich fortschreitendes Spektrum an Bedeutungen und

Sinnstiftungen hervorruft. Diese wiederum können die Wahrnehmung von Wirklichkeit verändern: Und das gilt es zu beachten.[63]

Die Beziehung von Verstehen und Verstehergemeinschaft
Wurde bislang Verstehen vor allem als individuelles und subjektives Verstehen gezeichnet und für eine Bibeldidaktik ausgelotet, gilt es im nächsten Abschnitt in Anlehnung an Theis, die soziale Dimension des Verstehens für biblisches Lernen zu beleuchten.

Erstens ist festzuhalten, dass Verstehen allgemein und somit auch biblisches Verstehen von den Sozialisationsbedingungen abhängt und damit nicht im luftleeren Raum stattfindet.

Zweitens zeigt sich, dass der Gebrauch, also das konkrete Anwenden, Handeln, Kommunizieren die Weise des Verstehens ist. Auch im Hinblick auf die Verstehergemeinschaft gilt deshalb, dass dieser Prozess ein interaktiver und dialogischer ist. Für eine Bibeldidaktik ergibt sich daraus die Aufgabe, diesen Dialog ernst zu nehmen und zu befördern, und zwar auch im Hinblick auf unterschiedliche Kulturen und Religionen. Denn die heutige Verstehergemeinschaft ist eine multikulturelle, multiethnische, multireligiöse und multimediale. Biblisches Lernen kann so dazu beitragen, dass sich Kinder und Jugendliche eine Deutekompetenz über religiöse Texte erwerben und sich inmitten einer multireligiösen und multikulturellen Gesellschaft positionieren.

Drittens schließlich vollzieht sich Verstehen immer auch innerhalb einer bestimmten Sprache bzw. Kultur. Die Kultur prägt das Verstehen wie auch umgekehrt das Verstehen eine Kultur aktualisiert. Für biblisches Lernen bedeutet das, die Tradition als Resonanzraum für das eigene Verstehen, als Deutereservoir und auch als Korrektiv für das eigene Verstehen „verfügbar" zu halten. Biblisches Verstehen ist darauf angewiesen, die Größe „Tradition" für Kommunikationsprozesse geltend zu machen.[64]

---

63 Vgl. ebd., 250–269.
64 Vgl. ebd., 254–256.

Lebensweltliches und sinnorientiertes Bibelverstehen

Biblisches Verstehen insgesamt zielt darauf, dass durch die Begegnung von Leser und Text ein Prozess ausgelöst wird, in dem der Leser zum Versteher wird, also Sinn konstruiert. Das geschieht, wie schon deutlich wurde, indem sich der Leser eine innere Präsentation des Textes aufbaut, dadurch Bedeutungen entwirft und sie mit den Bedeutungen, die der Text generiert, in einen Dialog bringt. Aufgabe einer Bibeldidaktik ist es insofern, die Schüler/innen zu befähigen, Sinn zu konstruieren und dessen intersubjektive Gültigkeit im Dialog mit anderen Verstehern und auch mit dem Text selbst abzugleichen.

Weiterhin haben die sprachpsychologischen Untersuchungen gezeigt, dass Verstehen abhängig ist vom verfügbaren Musterwissen. Unter Musterwissen ist das Wissen gemeint, das dem Versteher in Bezug auf bestimmte Bereiche, wie hier z.B. den religiösen, den biblischen, zur Verfügung steht. Damit dieses Musterwissen beim Lesen eines Textes abrufbar ist, muss es mit dem Alltagswissen, also dem verfügbaren Wissen, korreliert werden. Bibeldidaktik muss versuchen, diese Verschränkung von Musterwissen und Alltagswissen zu befördern. Das heißt auch, biblische Lernprozesse so zu eröffnen, dass Schüler/innen sowohl auf Alltagswissen als auch Musterwissen zurückgreifen können.

Mit anderen Worten muss biblisches Lernen so sein, dass die Rezipienten mit ihrem Lebenswissen darin vorkommen und ihr Lebenswissen mit dem „neuen Wissen" in Beziehung setzen. Das aber braucht Lernsituationen, die die Strategien, die Voraussetzungen und die Kompetenzen der Rezipienten ernst nehmen. Zugleich ist es wichtig, Schüler/innen weder zu über- noch zu unterfordern. Weitere Prinzipien sind, den Lernenden sowie dem Lernen und Verstehen Zeit zu geben, zu reduzieren und zu vereinfachen, Übergreifendes dem Speziellen vorzuziehen, durch Vergleichen und Kontrastieren zu lernen und dem Lernen ein Ziel zu geben.[65]

---

65 Vgl. ebd., 262–275.

Insgesamt wird biblisches Verstehen als aktiver, kommunikativer und kreativer Prozess erkennbar. In ihm kommt der Eigenanspruch des Textes und des Rezipienten zur Geltung. Es zeigt auch, dass erst der Dialog, der zwischen beiden entsteht, biblisches Verstehen ermöglicht. Bibeldidaktik muss deshalb sowohl die Voraussetzungen der Rezipienten, also der Schüler/innen wie der Lehrer/innen, studieren als auch die Bedingungen und Dynamiken des biblischen Textes ernst nehmen. So kann sie die Kommunikationsbereitschaft und die Kommunikationsfähigkeit und damit den Dialog zwischen Text und Verstehern befördern.

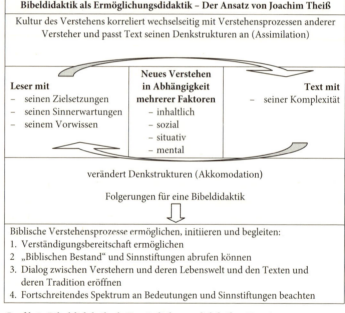

Grafik 3: Bibeldidaktik als Ermöglichungsdidaktik – Der Ansatz von Joachim Theis

3.4 Kritische Würdigung

Insgesamt können die rezeptionsästhetischen und entwicklungsorientierten Ansätze verdeutlichen, dass es weder einen Textsinn an sich gibt, noch dass der Text allein für sich verantwortlich ist. Vielmehr werden der Leser und die Begegnung von Text und Leser als Sinn produzierende Faktoren bewusst. Von daher gilt es, die Aufmerksamkeit des Auslegungsgeschehens auf diese drei Größen zu richten.

Positiv an dem Ansatz Meurers ist u.a., die Bedeutung und den Eigenwert des Textes, des Lesers sowie des Prozesses hervorgehoben zu haben. Fraglich bleibt jedoch, inwiefern die Prozesse, die sich bei der Begegnung von Text und Leser ereignen, abgebildet werden, wenn die Begegnung allein schon als ausreichendes Ziel anzusehen ist. Ein Geschehen, das nicht verändert, auch wenn es stattgefunden hat, verfällt der Bedeutungslosigkeit.

Theis konnte einen Ansatz liefern, der die Bedingungen biblischen Verstehens sehr differenziert in den Blick nimmt. Er entwirft eine Bibeldidaktik, die auf den eruierten Erfordernissen aufbaut. Die Erkenntnisse, die Theis in Bezug auf das Textverstehen verdeutlicht hat, helfen die „Welt des Lesers" besser zu sehen und einzubringen. Vor allem die Parameter Vorwissen, Sinnerwartungen, Ziele, die ein Leser in der Begegnung mit einem Text verfolgt, sind hilfreich, um den Leser als Sinnkonstrukteur im Auslegungsgeschehen zur Geltung kommen zu lassen. Ferner macht der Ansatz von Theis klar, dass Subjektorientierung letztlich auch bedeutet, von einem Bedeutungskosmos der Lebenswelten der Leser zu sprechen. Diesen gilt es mitzudenken, wenn ein Text gelesen, gehört, rezipiert wird. In meinem Ansatz einer bibeltheologischen Didaktik werde ich darauf zurückgreifen.

Die Schwierigkeit des Theis'schen Ansatzes liegt allerdings darin, wie diese Erfordernisse für den konkreten Religionsunterricht operationalisiert werden können. Theis hat zwar wichtige Desiderate einer Bibeldidaktik begründet; die Frage aber bleibt, wie diese im Religionsunterricht umzusetzen sind, ohne die

Komplexität des Erkannten unzulässig zu vereinfachen und in das allgemeine Plädoyer der Schülerorientierung umzumünzen, das auch vor den Studien Theis' schon plausibel begründet war.

So wichtig also die minutiösen Untersuchungen sind und so interessant sie ausfallen, bleibt zu fragen, ob und inwieweit sie verallgemeinerbar sind oder ob Theis' Ansatz im Grunde verlangt, für jeden Bibeltext und für jeden Schüler ein eigenes Setting zu entwerfen.

Insgesamt stellt der Ansatz von Theis eine Differenzierung entwicklungsorientierter Ansätze dar, insofern er nicht nur die strukturgenetischen Verstehensvoraussetzungen ernst nimmt, sondern die individuellen Bedingungen des Textverstehens aufzuzeigen und für den Auslegungsprozess fruchtbar zu machen sucht. Damit wird auch deutlich, dass die entwicklungsorientierten Ansätze eine Variante des breiten Stroms rezeptionsästhetischer Ansätze sind.

Anders als das später die intertextuelle Lesart leisten wird, beschäftigen sich die rezeptionsästhetischen und entwicklungsorientierten Ansätze, wie sie von Fricke, Schweitzer und Bucher vorgelegt werden, nicht damit, wie der Text als Bedeutungskosmos im konkreten Auslegungsverfahren zur Geltung kommt. Eine der grundlegendsten Anfragen an diese Ansätze besteht darin, wie mit Deutungen umgegangen werden kann, die nicht mit dem Text übereinstimmen, und welche Kriterien gefunden werden können, die eine Vermittlung bewerkstelligen helfen. Das Plädoyer Buchers, auch „unrichtige Lösungen" gelten zu lassen, sie aber entwicklungsoffen zu halten, ist zwar eine erste Antwort. Dennoch bleibt das Problem bestehen.

Ferner bleibt angesichts der Auslegung biblischer Texte fraglich, welche Rolle den Auslegungsgemeinschaften wie z.B. den Kirchen, im Auslegungsgeschehen tatsächlich zukommt und wie sie im Auslegungsgeschehen vorkommen.

Auch wenn sich eine gegenwärtige Bibeldidaktik von den Grundlagen der rezeptionsästhetischen und entwicklungspsychologisch orientierten Verfahren her konzipieren muss, so bleibt bislang offen, wie die formulierten und begründeten Ansprüche im konkreten Auslegungsverfahren eingeholt werden. In einer bibeltheologischen Didaktik soll das geleistet werden.

4. Vom Subjekt zum Text und wieder zurück: Dekonstruktive Bibeldidaktik als Vermittlungsposition

Wie kann der Eigenwert des biblischen Textes gewahrt werden, wenngleich daran festgehalten werden soll, dass die Leser erst den Text zum Sprechen bringen? Wie kann die Rolle der Auslegungsgemeinschaften bei der Exegese biblischer Texte zur Geltung kommen? Vor allem aber, wie kann der Blick von den Rändern her, und zwar von den Rändern der Leserperspektiven und des Textes her gewahrt werden? Diese Fragen stehen im Hintergrund der so genannten dekonstruktiven Bibeldidaktik, wie sie maßgeblich von Ulrich Kropač erarbeitet wurde.

4.1 Grundlegende Momente des Dekonstruktivismus bei Derrida

Kropač nimmt Bezug zur Dekonstruktion als Denkform der Postmoderne, wie sie Jacques Derrida ins Spiel gebracht hat. Derrida wollte mit der gedanklichen Figur der Dekonstruktion den Logo- und Phonozentrismus der westlichen Metaphysiktradition aufbrechen. Was er unter Dekonstruktion versteht, arbeitet er vor allem in den Schriften *De la grammatologie*, *L'écriture et la différence* und *La voix et le phénomène* aus, die allesamt im Jahr 1967 erschienen sind.

Derrida kritisiert einen Strukturalismus, dessen Ziel es ist, durch ein identifizierendes Denken und Reden das Allgemeine und die Struktur als oberstes Prinzip geltend zu machen. Auf der Strecke bleibt dabei das Sperrige, das Fremde und Unbekannte. Dieses wird vielmehr vom bereits Erkannten her erfasst, kategorisiert und damit gezähmt. Die Philosophie der Differenz, wie sie Derrida proklamiert, will dagegen das Andere stark machen, das Fremde, das Uneinholbare. Derrida weist darauf hin, dass insofern das Denken der Differenz nicht wiederum als System verstanden werden dürfe. Denn dann würde es auch der Gefahr erliegen, wiederum zu identifizieren und zu verallgemeinern. Dass das Differente auch gegenüber dem Denken der Differenz anzuwenden ist, dass Dekonstruktion damit keine Methode im Sinne eines Rezeptes, eines geleiteten Weges sein darf, ist die Konsequenz.[66] Damit ist auch die grundlegende Aporie des Differenzdenkens beschrieben. Es ist auf Sprache angewiesen, die selbst aber subsumiert, abstrahiert und damit das Allgemeine dem Besonderen vorzieht. Diesen Widerspruch drückt Derrida unter anderem in dem Kunstwort „différance" aus. Es geht darum, Differenz wahrzunehmen und auszusagen. Das aber ist nur innerhalb einer Sprache möglich, die selbst Differenz zugunsten des Allgemeinen ausblendet.

Ein zweiter Kritikpunkt richtet sich darauf, das Denken, die Vernunft als den Mittelpunkt des Denkens zu sehen oder – mit anderen Worten – das über sich selbst denkende Denken als den Inbegriff von Philosophie zu verstehen. Damit aber sei man nach Derrida dem Fehler erlegen, den Bedeutungsgehalt eines Wortes nur mehr der Rede – also der Abstraktion der Worte – zuzumessen. Derrida dagegen klagt ein, dass der Bedeutungsgehalt nur im Zusammenhang mit der Schrift, also dem materiellen Ausdruck, zu erheben ist. Derrida entwickelt deshalb eine Wissenschaft, die sich von der Schrift her ergibt, also eine Grammatologie. Schrift wird hier nicht mehr zum eindeutig identifizierbaren Ausdruck für eine Bedeutung, sondern arriviert zu einer Spur, die einen Kosmos von Verweismöglichkeiten und Bedeutungen eröffnet. Bedeutungen können damit variieren, sie fließen und werden vielgestaltig und unabschließbar.

Schließlich münden diese Gedanken bei Derrida in den Entwurf der Dekonstruktion. Sie darf, wie gesagt, nicht als Methode verstanden werden und verwehrt sich auch einer Definition. Ihre

---

66 Vgl. Kropač, U.: „Da rang mit Jakob ein Mann ...", 126; ders.: Bibelarbeit als Dekonstruktion, 370; ders.: Bibelarbeit in der Postmoderne, 161f.; ders.: Dekonstruktion: ein neuer religionspädagogischer Schlüsselbegriff?, 14–16.

Eigenart ist es, die Geschlossenheit von Systemen, und damit sind auch Texte gemeint, zu entlarven. Die Ränder, die Widersprüchlichkeiten und Brüche sollen vielmehr in den Blick rücken und das Textlesen und -verstehen prägen.

Das läuft in zwei Prozessen ab. Der eine heißt Destruktion und meint, den Text zu zerlegen, zu zergliedern, zu destruieren. Der andere ist mit dem Wort Konstruktion ausgedrückt. Hier geht es um aufbauende, bildende, zusammenfügende Prozesse. Dekonstruktion heißt demnach, einen Text aus immer wieder anderen, auch einander widersprechenden Perspektiven heraus wahrzunehmen.[67]

Auch wenn Derridas Position zu Ende gedacht schließlich undenkbar und aporetisch wird, so lassen sich nach Kropač doch zwei wichtige Anliegen herausschälen, die ein gemäßigter Dekonstruktivismus in die Debatte einzubringen vermag. Zum einen gilt es, die Widersprüchlichkeit, Vielsinnigkeit und Bedeutungsoffenheit eines Textes im Auslegungsgeschehen geltend zu machen; seine Brüche, Widersprüche und Inkonsistenzen eines Textes aufzuspüren. Diese Praxis setzt die bisherigen hermeneutischen Verfahren außer Kraft, die darauf zielten, den einen Sinn und die eigentliche Bedeutung eines Textes ausfindig zu machen.

Zum anderen hat Derrida darauf aufmerksam gemacht, dass Bedeutung nicht an sich existiert. Sie kann auch nicht mit dem identifiziert werden, was ein Autor mit dem Text beabsichtigt. Sie ist nicht vor der Sprache, sondern ereignet sich gleichsam mit ihr und in ihr. Das heißt, dass Bedeutung immer abhängig ist, vom Sprecher/Leser, vom Text, von der der Begegnung zwischen Sprecher/Leser und Text.[68] Dann aber ist mit Kropač zu fragen, welche Momente sich eine dekonstruktive Bibelarbeit zu Eigen macht und wie sie diese in den Prozess der Auslegung einbringt.

---

67 Vgl. Kropač, U.: „Da rang mit Jakob ein Mann …", 127; ders.: Schülerinnen und Schüler als „Exegeten" oder als „Raumfahrer" im biblischen Zeichenuniversum?, 155f.
68 Vgl. Kropač, U.: Bibelarbeit in der Postmoderne, 163; ders.: „Da rang mit Jakob ein Mann …", 128f.

4.2 Grundzüge einer dekonstruktiven Bibelarbeit

Kropač arbeitet drei Prinzipien einer dekonstruktiven Bibelarbeit heraus: das Lesen eines Textes, die Dekonstruktion biblischer Texte durch mehrmaliges Lesen und schließlich die intertextuelle Lektüre biblischer Texte.[69]

Als erstes Prinzip nennt er das Lesen als Grundvollzug der Bibelauslegung. Das Lesen ist nicht mehr ein Vorgang, der im Vorfeld der Bibelarbeit stattfindet. Das Lesen realisiert vielmehr den Prozess der Begegnung von Rezipient und Text. Im Lesen wird deutlich, wie der Leser durch einen schöpferischen und aktiven Vorgang an der Produktion von Sinn beteiligt ist. Was die Rezeptionsästhetik stark gemacht hat, nämlich den Leser als Mitautor des Textes zu Tage zu befördern, löst eine dekonstruktive Bibelarbeit schon im Vorgang des Lesens ein. Auf seine Art und Weise begrenzt der Leser damit auch die Sinnpotenziale eines Textes und ermöglicht es, dass ein Text überhaupt verstanden und bedeutungsvoll werden kann.

Der zweite Schritt dekonstruktiver Bibelarbeit, nämlich die Dekonstruktion des Textes durch mehrfache Lektüre, beinhaltet mehrere Aspekte. Zum einen versucht das wiederholte Lesen dafür zu sensibilisieren, dass dem ersten, am schnellsten greifbaren Textsinn mit Skepsis zu begegnen ist. Es gilt vielmehr auf die Widersprüche und Brüche des Textes aufmerksam zu werden. Den Rezeptionsvorgang dehnt eine dekonstruktive Bibelarbeit sozusagen aus bzw. verlangsamt ihn. Gewonnene Perspektiven werden durch neue, andere, fremde angefragt, korrigiert, in ein neues Licht gehoben.

Damit kommt es zu einem wechselseitigen Dekonstruktionsprozess von Text und Rezipient. Sowohl der Text wird vom Leser destruiert und konstruiert, wie auch umgekehrt der Text den Rezipienten anfragt, aus dessen Welt katapultiert sowie aufbaut und ihm neue Sichtweisen ermöglicht. Bei biblischen Texten kommt an dieser Stelle die besondere Bedeutung ins

---

[69] Vgl. ebd., 166–168; ders.: „Da rang mit Jakob ein Mann …", 129–133.

Spiel, die die Texte für einen gläubigen Menschen haben. Nicht nur der Text an sich destruiert und konstruiert den Rezipienten, sondern der Text als Ausdruck für Gottes Wort wird zum Kläger und Richter, zum Angebot von Sinn und Heil für den Menschen.

Das dritte Prinzip dekonstruktiver Bibelarbeit, nämlich das Moment der intertextuellen Lektüre der biblischen Texte, kommt bei Kropač erst in den letzten Bearbeitungen der dekonstruktiven Bibeldidaktik zur Geltung.[70] Mit ihm greift er den literaturtheoretischen Diskurs auf, der zur Zeit auch die Bibelwissenschaften entscheidend prägt.

Jenseits eines extremen Intertextualitätsbegriffs verweist Kropač darauf, dass eine weitere Größe der Sinngenerierung darin besteht, Text-Text-Bezüge herzustellen. Die Aktivität des Lesers löst dabei mehrere Dinge aus: Zum einen ist es der Leser, der die Text-Text-Bezüge zu Tage bringt und damit Texte miteinander in Beziehung setzt. Zum zweiten macht er die Text-Text-Relation fruchtbar, um daraus einen Bedeutungskosmos des Textes aufzutun. Indem er Texte zusammenliest, trägt er deren Subtexte jeweils in den anderen ein und erreicht so ein neues Spektrum von Bedeutung und Sinn. Drittens schließlich wird die Größe des Kanons neu bemessen. Der Kanon tritt als Raum auf, in dem eine Vielfalt von Text-Text-Bezügen eröffnet wird; zugleich begrenzt er diesen aber auch. Nicht jeder Text steht mit jedem in Verbindung. Biblische Texte tragen Verweisspuren auf andere Texte innerhalb des Kanons in sich und bewirken damit auch eine Steuerung der Lektüre.[71] Insgesamt erfordert die Lektüre biblischer Texte damit ein hohes Maß an Sensibilität und Wissen um textliche Abhängigkeiten, Bezüge und Eintragungen.

---

70 In den früheren Aufsätzen wie z.B. *Dekonstruktion: ein neuer religionspädagogischer Schlüsselbegriff?* (2002) oder auch *Biblisches Lernen* (2001) wird das intertextuelle Lesen lediglich angedeutet, in seiner Bedeutung für den Transformationsprozess von Text und Rezipient aber noch nicht ausführlich reflektiert.
71 Vgl. Kropač, U.: Bibelarbeit in der Postmoderne, 168.

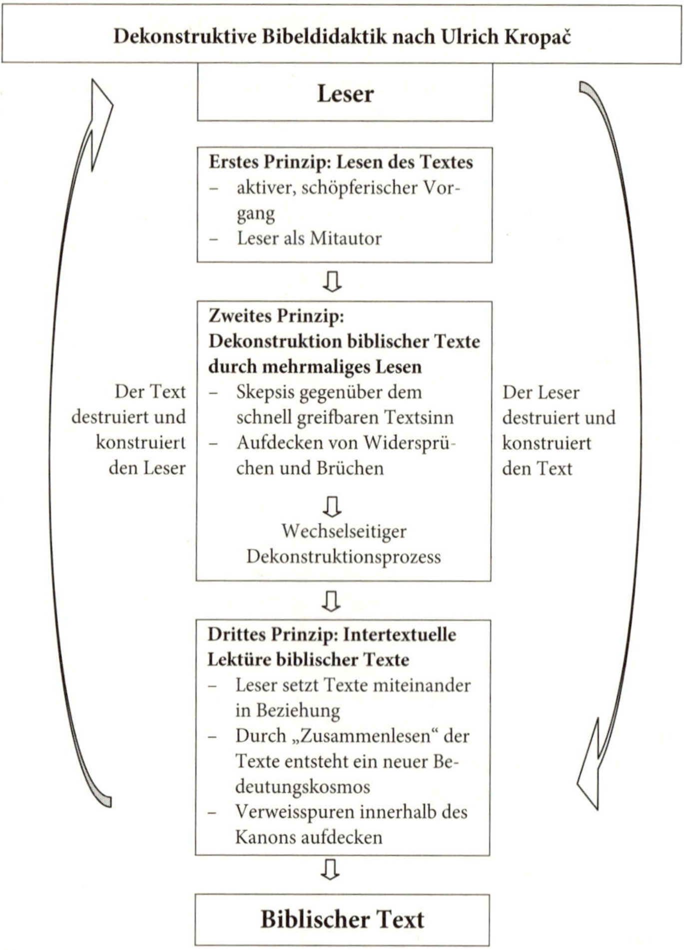

Tendenzen in der gegenwärtigen Bibeldidaktik

Dekonstruktive Bibeldidaktik nach Ulrich Kropač

Leser

Erstes Prinzip: Lesen des Textes
- aktiver, schöpferischer Vorgang
- Leser als Mitautor

⇩

Zweites Prinzip: Dekonstruktion biblischer Texte durch mehrmaliges Lesen
- Skepsis gegenüber dem schnell greifbaren Textsinn
- Aufdecken von Widersprüchen und Brüchen

⇩

Wechselseitiger Dekonstruktionsprozess

⇩

Drittes Prinzip: Intertextuelle Lektüre biblischer Texte
- Leser setzt Texte miteinander in Beziehung
- Durch „Zusammenlesen" der Texte entsteht ein neuer Bedeutungskosmos
- Verweisspuren innerhalb des Kanons aufdecken

⇩

Biblischer Text

Der Text destruiert und konstruiert den Leser

Der Leser destruiert und konstruiert den Text

Grafik 4: Dekonstruktive Bibeldidaktik nach Ulrich Kropač

4.3 Kritische Würdigung

Die dekonstruktive Bibeldidaktik, wie sie Kropač vorlegt, wird sowohl dem Plädoyer gerecht, vom Subjekt auszugehen, als auch den Text als Gegenüber des Lesers ins Spiel zu bringen. Vor allem das Sperrige, Differente und Fremde eines Textes wird in der dekonstruktiven Bibelarbeit hervorgehoben. Damit kann so mancher bislang vertraut geglaubte und so auch leicht überhörbar gewordene Bibeltext neue Bedeutungsspielräume eröffnen.

Der Leser selbst tritt als Mitgestalter des Textsinns auf und wird vor allem im Leseakt zum Mitschöpfer des Texts. Auch die Auslegungsgemeinschaft spielt sowohl durch die Auslegungsgröße „Kanon" als auch die Verbindung der Leser mit den Mitlesern eine Rolle.

Schwierig ist die dekonstruktive Bibeldidaktik in folgender Hinsicht: Sie leitet sich vom philosophischen Denkgebäude des Dekonstruktivismus ab. Auch wenn Kropač dieses im Blick auf die Auslegung der biblischen Texte modifiziert, so begleiten die Aporien, die den Dekonstruktivismus kennzeichnen, den dekonstruktivistischen Bibelansatz. Können überhaupt noch Aussagen über den Sinn eines biblischen Textes gemacht werden, wenn alles revidierbar bleibt? Welchen Sinn hat es, sich mit Texten zu beschäftigen, wenn die Hoffnung, Sinn zu finden von vornehrein, sozusagen vom „System" bedingt desavouiert wird? Welche Kriterien helfen, die Deutungen und Sinnstiftungen, die der Rezipient entwirft, am Text abzugleichen?[72]

Der m.E. grundlegendste Einwand gegen eine dekonstruktive Bibeldidaktik ist also jener, ob mit ihr nicht ein Denksystem bemüht wird, das erfordert, die ihm innewohnende Komplexität und Aporetik auch im konkreten Auslegungsverfahren zur Geltung zu bringen. Damit aber werden die Auslegungsverfahren entweder verkompliziert oder in einer Weise vereinfacht, die nicht mehr erkennen lässt, warum es sich hier um eine de-

---

72 Vgl. z.B. Eco, U.: Die Grenzen der Interpretation, 35–39.

konstruktive Bibelarbeit handelt und nicht einfach um eine, die die Spannungen und Brüche eines Textes ernst nimmt.

Daneben gibt es noch einige andere Bedenken, die kurz resümiert werden sollen. Als lese- und damit textorientiertes Verfahren setzt die dekonstruktive Bibeldidaktik ein hohes Maß an kognitiven Fähigkeiten und biblischem Wissen voraus. Sowohl die intertextuelle Lektüre als auch die Bedeutung des Lesens und schließlich der Instinkt für die Widersprüche des Textes erfordern vom Leser, mit literarisch anspruchsvollen Texten umgehen und sich im Bedeutungskosmos des biblischen Kanons zurechtfinden zu können.

Insgesamt stellt sich damit die Frage, ob die dekonstruktive Bibelarbeit überhaupt in der Schule anwendbar ist, wo sie bestenfalls den oberen Klassen der Sekundarstufe I oder II vorbehalten bleibt.[73]

Das Prinzip des intertextuellen Lesens, das die dekonstruktive Bibeldidaktik, wie sie Kropač vorlegt hat, kennzeichnet, kann noch weiterentwickelt werden. Es könnte z.B. überlegt werden, wie die Größe „Kanon" einzuspielen ist bzw. wie intertextuelles Lesen operationalisiert werden kann. Die wenigen Hinweise, die Kropač gibt, sind gute Ansatzpunkte. Sie bedürfen vor allem insofern der genaueren Ausarbeitung, als nicht klar ist, wie die Weite des Textes, die durch das intertextuelle Lesen eröffnet wird, mit den Bedeutungseintragungen durch den Rezipienten vereinbar ist.

5. Überleitung und Ausblick: Was ist für eine heutige Bibeldidaktik wichtig?

Überblickt man die verschiedenen Tendenzen in der gegenwärtigen Bibeldidaktik, so lässt sich feststellen, dass sich der Fokus immer mehr auf die Subjekte und deren Leistung für das Textgeschehen, -deuten und Sinngenerieren konzentriert.

---

73 Vgl. dazu Kropač selbst: Kropač, U.: Bibelarbeit in der Postmoderne, 168f.

Ausgehend von der kerygmatischen Bibeldidaktik, die *den* Sinn eines Textes an die Hörer/innen und Leser/innen weiterzugeben suchte, zielen schon die hermeneutischen Ansätze darauf, sowohl die Kontexte der Leser/innen als auch die unterschiedlichen Sinnmöglichkeiten eines Textes in den Blick zu nehmen.

Die postmodernen Lesarten, unter die ich sowohl die entwicklungsorientierten, rezeptionsästhetischen wie auch die dekonstruktiven Ansätze zähle, nehmen die Paradigmen der Pluralität, der Individualisierung und Enttraditionalisierung ernst. Die Subjekte treten als aktive Mitschöpfer des Textes auf. Die Texte werden in ihrer Bedeutungsoffenheit und Unabschließbarkeit wahrgenommen, weil der Prozess der Begegnung von Subjekt und Text in immer neuen Lebens- und Textkontexten und mit sich ändernden Erfahrungen stattfindet. Damit kommen unendlich viele Subtexte miteinander ins Gespräch.

Tun sich rezeptionsästhetische Ansätze mit der Frage nach dem Eigenwert des Textes und seinem Anspruch (noch) schwer, so können die dekonstruktiven Verfahren auch diesen zur Geltung bringen. Das geschieht unter den Bedingungen der Postmoderne. Das heißt, den Text selbst als offenen, unabschließbaren Raum zu verstehen, der unendlich viele Subtexte anspielt, die wiederum unendlich viele Bedeutungen auslösen. Text und Subjekt, Text und Rezipient werden damit zu Größen in einem Dialog, der von beiden bedingt ist, der aber, sobald er stattfindet, auch eigene Regeln aufstellt und sowohl den Text bzw. dessen Welt als auch den Rezipienten und dessen Welt verändert.

Für biblische Texte und ihre Didaktik kann festgehalten werden, dass folgende drei Faktoren in einem Konzept berücksichtigt werden müssen:

1. Der Text, und zwar als Text, der wiederum durch andere Texte bedingt, angespielt und grundiert wird (Intertextualität, Kanonfrage). Das bedeutet, dass die Welt des Textes zum Sprechen kommen muss, auch wenn das nur in einer bestimmten Hinsicht möglich ist, nämlich in Bezug auf den Leser.

2. Der Rezipient, das heißt die Schüler/innen und ihre Lebenswelten und Enzyklopädien, die Schüler/innen und ihre entwicklungsbedingten Verstehensvoraussetzungen, die Schüler/innen und ihre Erfahrungen, Absichten und Strategien. Anders gesagt, geht es also darum, die Welt des Lesers zum Sprechen zu bringen, auch wenn das wiederum nur in einer bestimmten Hinsicht geschieht, nämlich in Bezug auf den Text.
3. Die Bewegungen, die zwischen Text und Schüler/innen stattfinden und sowohl die Welt des Textes als auch den Rezipienten und seine Welt verändern.

Insofern biblische Texte die Ur-Kunde des christlichen Glaubens sind, gilt es, alle drei Größen auch von der maßstabgebenden Auslegungsgemeinschaft, sprich den Kirchen, her in den Blick zu nehmen. Das heißt für den Text, ihn als Text zu lesen, der von der Auslegungsgemeinschaft der Kirchen als maßgeblich (kanonisch) angesehen wurde und als solcher normierende und orientierende Geltung beanspruchen kann. Für die Rezipienten, hier die Schüler/innen, bedeutet das, sie als Subjekte des Glaubens ernst zu nehmen und ihre religiösen Artikulationen und Deutungen als Größen der Offenbarung zu verstehen, in der das Aussprechen Gottes ein Gegenüber bekommt. Für das Verstehen der Bewegungen zwischen Text und Leser/innen heißt das, diese selbst als Ausdruck der Begegnung von Gott und Mensch mitzulesen und sie selbst als pneumatologisches, vom Geist Gottes gewirktes und insofern auch nicht total habhaftbares Geschehen anzudeuten.

Insgesamt bleibt anzumerken, dass gerade die postmodernen Lesarten diese für das Auslegungsgeschehen konstitutiven Faktoren bewusst gemacht haben. Es ist bislang m.E. aber noch nicht gelungen, ein praktikables Auslegungsverfahren zu ermöglichen. Mit anderen Worten steht es an, ein Modell biblischen Lernens vorzulegen, das nicht nur die Unabschließbarkeit der Texte und der Lebenswelten wie auch der Begegnung voraussetzt und anspielt, sondern auch mit ihnen umgeht. Das muss auf eine Weise geschehen, die eruierte Komplexität zu perspektivieren, ohne sie aufzulösen. Die in dieser Studie entfaltete bibeltheologische Didaktik versucht dies über die Konzentration auf die *Beziehungen des Textes zum Leser* und die *Beziehungen des Lesers zum Text* zu erreichen.[74] Es gilt, die Welt des Textes und die Welt des Lesers zueinander sprechen zu lassen. Damit ist zwar jeder Subjekt der Auslegung, aber es muss nicht für jeden ein eigenes Setting der Begegnung entworfen werden.

Die Bibel in religiösen Bildungskontexten zu lesen, bringt noch weitere Überlegungen ins Spiel. Eine Bibeldidaktik muss die Bedingungen des Lernens ernst nehmen, sich der Orte vergewissern, an denen Lernen stattfindet und deren Konditionen reflektieren. Sie muss ferner wissen, worin das Ziel biblischen Lernens besteht und wie es erreicht werden kann.

Wenngleich es zu weit führen würde, alle diese Fragen aufzugreifen, sollen zumindest die bildungstheoretischen und theologischen Begründungen und Ziele biblischen Lernens bedacht werden. Von den Weichenstellungen ausgehend, die hier getroffen werden, erfolgt die Konzeptualisierung einer bibeltheologischen Didaktik.

---

74 Vgl. dazu das 4. Kapitel.

2. Kapitel: Begründungen biblischen Lernens

Es stellt sich die Frage, warum es überhaupt wichtig ist, an und mit der Bibel zu lernen. Was bringt die Beschäftigung mit der Bibel für Schüler/innen heute ein? Warum ist sie unabdingbare Herausforderung für religiöse Bildung? Diesen Fragen will das folgende Kapitel nachgehen. Es geht darum, sowohl die bildungstheoretischen als auch theologischen Begründungen und Ziele biblischen Lernens angesichts der Herausforderungen der gegenwärtigen Zeit aufzuzeigen.

1. Bildungstheoretische Begründungen und Ziele biblischen Lernens angesichts der Postmoderne

1.1 Biblisches Lernen angesichts der Paradigmen der Postmoderne

Bildung insgesamt und damit auch biblisches Lernen muss sich den Herausforderungen der Postmoderne stellen. Ohne hier eine eingehende Analyse der Postmoderne leisten zu können, ist davon auszugehen, dass Bildungsprozesse den Phänomenen der Individualisierung, der Pluralisierung, der Enttraditionalisierung und der Globalisierung Rechnung tragen müssen.

Biblisches Lernen als Beitrag zur Identitätsbildung
Bildung muss zeigen können, dass sie vom Einzelnen ausgeht und auf ihn zielt, dessen Individuationsprozesse provoziert und unterstützt. Auch für biblisches Lernen heißt das, die Subjekte in ihrer Konstruktionsleistung und ihren Konstruktionen von Wirklichkeit anzufragen und sie als aktive Konstrukteure des Auslegungsgeschehens biblischer Texte ernst zu nehmen.

Dabei gilt es, die entwicklungspsychologischen Voraussetzungen und die Bedingungen des Lernens zu berücksichtigen und für den biblischen Lernprozess fruchtbar zu machen. Lernarrangements müssen die kognitiven, affektiven und religiösen Voraussetzungen aufgreifen und weiterentwickeln helfen. Dazu ist es wichtig, von den Schüler/innen her Lernen und Bildungsprozesse zu konzipieren.[75]

Es bedeutet ferner, dass biblisches Lernen insgesamt seinen Beitrag zum Individuationsprozess der Schüler/innen leisten muss. In der Auseinandersetzung mit den Erfahrungen, die Menschen mit anderen und mit Gott gemacht haben, bietet die Bibel ein reiches Reservoir für die eigenen Suchbewegungen. Die biblischen Erzählungen sind getränkt von Erfahrungen des Scheiterns wie des Gelingens, des Todes und Verderbens wie auch der Hoffnung und des Trostes. In der Begegnung mit diesen Texten können Schüler/innen zu einem Leben angestiftet werden, das auf Sinn setzt trotz der Erfahrung von Widersinn, auf Leben trotz der Erfahrung des Todes. Auch wenn die Textwelten oft sperrig und fremd sind, so können sie dennoch für heutige Schüler/innen und deren Selbstwerdungsweg gewinnbringend erinnert werden. Gerade die narrative Form der biblischen Erzählungen befähigt, die eigene Geschichte erzählen zu lernen, unterschiedliche Fäden der eigenen Geschichte miteinander zu verweben und die dadurch konstruierten „Selbste" zumindest mittels der Erzählung zu einer Identität zusammenzuführen. Das kann helfen, sich als einer zu verstehen, der geworden und am Werden ist.[76]

---

75 Vgl. dazu die kognitiv-strukturgenetischen Modelle von Entwicklung von Jean Piaget wie auch die Modelle religiöser Entwicklung von James Fowler, Fritz Oser und Paul Gmünder, die als heuristisches Instrumentarium fungieren, Schüler/innen in ihren Lebensbedingungen wahrnehmen zu lernen. Auch wenn ich nicht so weit gehen will, biblische Texte bestimmten Altersphasen zuzuordnen, bedeutet die Orientierung am Subjekt, dessen Voraussetzungen als Bedingungen des Lernens ernst zu nehmen.
76 Gerade neuere Identitätskonzepte wie z. B. von Hubertus Hermans und Harry Kempen zeichnen Identität als Modell des dialogischen Selbst. Die unterschiedlichen Selbsterfahrungen werden durch Narration zu einer Identität integriert.

Biblisches Lernen als Beitrag, mit Pluralität produktiv umzugehen

Bildungsprozesse müssen ebenso die Pluralität, die sich in unseren Lebensbereichen widerspiegelt, ernst nehmen und Antwortversuche auf sie auszumachen helfen. Bildung muss Menschen befähigen, mit Pluralität produktiv umzugehen. Das heißt, die Vielgestaltigkeit des Lebens nicht nur als gegeben hinzunehmen, sondern eine Position zu ihr zu entwickeln, die sich jenseits eines Relativismus oder auch Fundamentalismus abspielt – als den beiden großen Versuchungen, auf Pluralität zu reagieren.

Konkretisiert für biblisches Lernen ergibt sich daraus die Forderung, sowohl die biblischen Texte in ihrer Vielgestaltigkeit zum Sprechen zu bringen als auch die eigene plurale Lebenswelt als Kontext der Begegnung von Subjekt und Text mitzubedenken. Biblisches Lernen will zu einem eigenen Standpunkt anstiften, mit diesen wahrgenommenen Pluralitäten umzugehen. Das geschieht beispielsweise, indem sich Schüler/innen mit Erzählungen beschäftigen wie dem Umgang mit dem Fremden in Lev 19,33f. Das kann aber auch durch die Auseinandersetzung mit vielgestaltigen und vielstimmigen Texten deutlich werden. Durch die Art und Weise, Unterschiedlichkeiten nicht einzuebnen, Brüche und Spannungen nicht zu nivellieren, sondern sprechen zu lassen, kann ein Respekt gegenüber dem Vielen und dem Anderen eingeübt werden.

Biblisches Lernen als Möglichkeit, das Reservoir der Tradition für heute zu nutzen

Schließlich muss sich Bildung, die das Phänomen der Enttraditionalisierung ernst nimmt, mit der Frage beschäftigen, warum der Umgang mit der Tradition bildend sein kann und in welcher Weise das geschieht. Der gegenwärtige kulturwissenschaftliche Diskurs, der von der Theologie allmählich aufgenommen und

---

Vgl. dazu Hermans, H./Kempen, H.: The Dialogical Self, 39–44; Riegel, U.: Sich selbst finden im Schnittpunkt von Handeln und Erzählen, 69–90.

um die theologische Perspektive bereichert wird,[77] hat hier entscheidende Hinweise gegeben. Tradition gilt postmodern verstanden nicht mehr als an sich wichtig. Sie muss vielmehr ihre Relevanz im kritischen Diskurs erweisen. Diese Aussage verschärft sich noch in Bezug auf religiöse Traditionen. Die christliche Semantik droht mehr und mehr aus den Kommunikationszusammenhängen zu verschwinden (Enttraditionalisierung). So stellt sich nicht nur die Frage, wie religiöse Tradition relevant, sondern wie sie überhaupt zugänglich, „ortbar" und kommunikabel werden kann.

Für religiöse Bildung und das biblische Lernen als Teil religiöser Bildung bedeutet das Folgendes: Religiöse Traditionen müssen einerseits in die Kommunikation eingebracht und damit als Teil des gesellschaftlichen und existenziellen Gesprächs identifizierbar gemacht werden. Das heißt beispielsweise, biblische Sprach- und Ausdrucksweisen ins Spiel zu bringen wie auch biblische Inhalte zu thematisieren sowie Erfahrungen, die Menschen mit Gott gemacht haben und die in biblischen Texten zu „geronnenen Erfahrungen" verdichtet wurden. Schließlich müssen sich religiöse Bildung und biblisches Lernen darum bemühen, Räume und Zeiten zu eröffnen, damit Schüler/innen über das Gehörte nachdenken und eine eigene Position gewinnen können. Nur so besteht die Möglichkeit, die Bibel für heutige Lebenszusammenhänge lebendig werden zu lassen.

Biblisches Lernen als Beitrag zu einer gerechten Globalisierung
Ferner gilt es sich mit der Frage auseinanderzusetzen, wie Bildung angesichts der fortschreitenden Globalisierung aussehen und welchen Beitrag sie zu einer gerechten Globalisierung leisten kann. Auch wenn die Globalisierungsprozesse bislang vor allem als Phänomene des Marktes, der Wirtschaft und der Politik ge-

---

77 Vgl. dazu die Studien von Siegfried Wiedenhofer: Grundprobleme des theologischen Traditionsbegriffs; ders.: Kulturelles Gedächtnis und Tradition; ders.: Die Tradition in den Traditionen; sowie beispielsweise Peter Hünermann: Tradition – Einspruch und Neugewinn.

sehen wurden, erleben wir durch die gegenwärtigen Klimaveränderungen, dass auch ökologische sowie zunehmend Fragen der Religionsgemeinschaften zu globalen Herausforderungen werden. Bildung allgemein und religiöse Bildung insbesondere sind herausgefordert, ein Lernen zu befördern, das zu einer „dialogischen Aufmerksamkeit" (U. Beck)[78] befähigt. Damit ist ein Lernen gemeint, das sich für den Anderen öffnet, das transkulturelles und transreligiöses Verstehen ermöglicht.

Gerade biblisches Lernen, das sich an Texten abarbeitet, die das Ringen ganz unterschiedlicher Völker und ihrer religiösen Interessen beschreiben,[79] trägt hier Entscheidendes bei. Einerseits können Schüler/innen lernen, dass die Auseinandersetzung mit Anderen, die Suche nach einem gelingenden Miteinander nicht erst das Thema von heute ist, auch wenn es sich heute in einer neuen Gestalt zeigt. Andererseits zeigen biblische Normierungen und Gebote, wie z.B. das Gebot der Nächsten- und Feindesliebe, Maßstäbe auf, an denen sich unsere heutigen Antworten auf ein Miteinander der Kulturen und Religionen messen lassen müssen.

Insgesamt wird deutlich, dass ein Konzept von Bildung sowohl die Subjekte als auch die Inhalte sowie deren jeweilige Kontexte ernst nehmen muss. Das muss in einer Art und Weise geschehen, die die Subjekte durch die Auseinandersetzung mit Inhalten in ihren Selbstwerdungs- und Gesellschaftswerdungsprozessen fördert. Anders gesagt müssen sich die Inhalte für die Subjekte als relevant erweisen. Zugleich gilt es, dieses Kriterium um ein zweites zu ergänzen. Inhalte müssen repräsentativ in dem Sinne sein, dass sie etwas exemplarisch zu zeigen vermögen, was über den Einzelfall hinausgeht. Gerade die Phänomene der Enttraditionalisierung und der Globalisierung zeigen auf, in welche

---

78 Beck, U.: Was ist Globalisierung?, 231.
79 Damit sind sowohl die Texte des AT als auch des NT gemeint: z.B. die Urmütter und Urvätererzählungen (Gen 11,10–50); die Erzählungen über den Exodus, den Elijazyklus (1 Kön 17–2 Kön 18), die Prophetenliteratur, um einige alttestamentliche Texte zu nennen, oder auch die Paulusbriefe als Zeugnisse des Ringens zwischen jüdischer Tradition und den Ansprüchen des Christentums: z.B. Gal 2 oder 1 Kor 1,18–31 etc.

Richtung die Auswahl gehen soll. Die Auseinandersetzung mit Inhalten muss Subjekte befähigen, unterschiedliche Traditionen in ihrer Bedeutung für heute zu befragen. Ebenso muss die Beschäftigung mit Inhalten dazu beitragen, den Anderen, den Fremden als Gegenüber zu achten.

1.2 Biblisches Lernen zwischen Subjekten und Inhalten und deren Kontexten

Versteht man Bildung im Sinne Wolfgang Klafkis als „kategoriale Bildung",[80] dann zeigt sich, dass Bildung der Prozess ist, der sich aus der Begegnung von Menschen mit bestimmten Gegenständen, Inhalten, schlicht: mit der Welt ergibt. Bildung geschieht also an Inhalten und durch sie. Sie geht aber vom Menschen aus und zielt auch auf ihn. Sie ist ein wechselseitiger Prozess im Sinne einer „doppelseitigen Erschließung".[81] Inhalte sollen für den Menschen erschlossen werden und umgekehrt tragen Inhalte dazu bei, dass sich der Mensch seiner selbst bewusst wird.

Mit der „kategorialen Bildung" werden also die Schwächen einer materialen Bildung vermieden, die auf eine Ansammlung von Bildungsinhalten setzt. Sie gleicht auch die Defizite einer formalen Bildung aus, die die Schulung geistiger und körperlicher Kräfte betont und auf das virtuose Können zielt. Die Spielart der „kategorialen Bildung" greift die Stärken der materialen und formalen Bildung auf und versteht Bildung subjektorientiert und zugleich auf Inhalte verwiesen.

Klafki differenziert sein Verständnis von Bildung, indem er zwischen Bildungsinhalt und Bildungsgehalt unterscheidet. Jeder Bildungsinhalt ist danach zu befragen, was er an Bildungsgehalt befördert. Diese Frage kann nicht allgemein und abstrakt beantwortet werden. Sie ist nur in Bezug auf die Kinder, Jugendlichen

---

80 Vgl. Klafki, W.: Kategoriale Bildung, 44f.
81 Klafki, W.: Das pädagogische Problem des Elementaren, 298.

und Erwachsenen zu lösen, die sich mit einem Bildungsinhalt beschäftigen. Ein Bildungsinhalt wird dann zum Bildungsgehalt, wenn er für bestimmte Menschen etwas aufzeigt, das für deren Weltverstehen wichtig und förderlich ist und ihnen hilft, bestimmte Kulturbereiche besser zu verstehen.[82]

Inhaltlich füllt Klafki seinen Bildungsbegriff in den Spuren von Herman Nohl, Wilhelm Flitner und Erich Weniger. Er übernimmt das Postulat, dass bei den Bildungsbemühungen darauf geachtet werden muss, erstens den Anspruch des Schülers auf „erfüllte Gegenwart" zu wahren, zweitens Vorwegnahmen auf eine Zukunft zu wagen und drittens das wichtigere Ziel nicht aus den Augen zu verlieren, einen „gebildeten Laien" heranzubilden anstelle eines Spezialisten. Diese Prinzipien helfen, Bildungshandeln zu regulieren und zu kontrollieren.

Aus diesen wenigen Anmerkungen lassen sich für die Begründung und die Zielsetzung biblischen Lernens folgende Punkte festhalten: Biblisches Lernen muss erstens Inhalte befördern, die für das Weltverstehen von Kindern und Jugendlichen wichtig sind. Damit ist gemeint, dass die Beschäftigung mit der Bibel dazu beitragen muss, sich in unserer Kultur und Gesellschaft besser zurechtzufinden.

Zweitens müssen biblische Inhalte von den Schüler/innen aus in den Blick kommen. Das heißt, dass von den Schüler/innen, deren Interessen und Erfahrungen, deren Ängsten und Hoffnungen her Inhalte der Bibel aufzudecken sind. Diese können zu Bildungsgehalten werden. Klafki weist in seiner allgemeinen Bildungstheorie darauf hin, dass als Kriterien der Unterscheidung sowohl die gegenwärtige Situation der Kinder und Jugendlichen als auch die zukünftige heranzuziehen sind.

Daraus ergibt sich drittens, dass nicht alles und jedes gleich wichtig ist. Es gilt vielmehr auszuwählen. Die Kriterien für die Auswahl ergeben sich von zwei Seiten her, nämlich von den Schüler/innen und dem, was für sie relevant ist (Dimension der

---

82 Vgl. Klafki, W.: Didaktische Analyse als Kern der Unterrichtsvorbereitung, 130–132.

Relevanz) und von den biblischen Texten her. Es muss gefragt werden, welche für das Gesamt der Schrift und das Verstehen ihrer Botschaft repräsentativ sind (Dimension der Repräsentanz). Damit kann die Auswahl der Inhalte nicht allein den Fachwissenschaften, hier den alttestamentlichen oder neutestamentlichen Wissenschaften, überlassen werden. Es ist vielmehr eine didaktische Frage, was gelehrt werden soll und wie.

Das Konzept der Elementarisierung, das von Karl Ernst Nipkow erarbeitet und von Friedrich Schweitzer, Werner H. Ritter und anderen erweitert wurde, stellt ein passendes Instrumentarium vor, um eine entsprechende Auswahl zu treffen und angemessene Lernwege zu konzipieren.[83]

Der Ansatz Klafkis ist auf dem Hintergrund der obigen Überlegungen noch um einen Punkt zu erweitern. Nicht nur Inhalte und Subjekte begegnen sich im biblischen Lernen. Vielmehr gilt es auch, deren jeweilige Kontexte im Auslegungsgeschehen zu bedenken. Das heißt, sowohl die Lebenswelt der Kinder und Jugendlichen im Auslegungsprozess geltend zu machen als auch die Kontexte der Texte zum Sprechen zu bringen.

Wie später noch gezeigt werden wird, kann eine bibeltheologische Didaktik das einlösen: Text und Leser, Textwelt(en) und Lebenswelt(en) korrelieren miteinander, fragen einander an und legen einander aus.

1.3 Bibel als kulturbildende Kraft wahrnehmen

Formulierten die beiden letzten Punkte Anforderungen an ein allgemeines Bildungskonzept, die dann für das biblische Lernen zu übersetzen sind, soll jetzt nach den bildungstheoretischen Begründungen und Zielen biblischen Lernens im Besonderen gefragt werden.

---

83 Vgl. dazu Nipkow, K. E.: Elementarisierung, in: NHRPG, 451–456; Ritter, W. H.: Stichwort „Elementarisierung", 82–84; Schweitzer, F.: Elementarisierung als religionspädagogische Aufgabe, 240–252; ders.: Elementarisierung in der religionsdidaktischen Diskussion, 203–220.

Die Bibel hat durch ihre Sprache und Bilder, aber auch durch ihre Inhalte die abendländische Kultur geprägt. Das lässt sich sowohl an Redewendungen ablesen als auch an weiter reichenden Dingen. Ein Beispiel dafür ist die Menschrechtsdebatte, die ohne das jüdisch-christliche Menschenbild nicht denkbar wäre.

Die Bibel ist demnach eine kulturbildende Kraft. Indem sich Menschen sowohl mit der Ausdrucksweise als auch mit den Inhalten der Bibel auseinandersetzen, können sie mehr über unsere Kultur und unser Denken erfahren. Die Bibel kann als Sprach-, Deutungs- und Handlungsreservoir auch unserer gegenwärtigen Debatten und Diskurse, unserer Gewohnheiten, unseres politischen und gesellschaftlichen Handelns entdeckt werden. Mit anderen Worten: Die Beschäftigung mit der Bibel befähigt zu einem besseren Kulturverstehen. Eine Aufgabe biblischen Lernens ist, diese Strukturelemente unserer Kultur wahrnehmen und deuten zu lernen.

1.4 Bibel als Ausdruck des religiösen Weltzugangs kennenlernen

Mit der Bibel umgehen lernen heißt, durch die Sprache, die sie bestimmten Erfahrungen und Ereignissen verleiht, eine Sprache für eigene Widerfahrnisse, Ängste und Hoffnungen zu finden. Weil die Bibel, wie Ingo Baldermann feststellt, eine Sprache der Hoffnung auch angesichts von Hoffnungslosigkeit lehrt, kann die Beschäftigung mit den biblischen Schriften Menschen befähigen, für ihre eigenen Lebenssituationen einen Ausdruck zu finden. Das geschieht nicht jenseits der Realität, sondern in ihr. Der Ausdruck ist selbst schon eine Weise der Deutung. Wie gesagt, gibt die Bibel auch die Richtung der Deutung an. Sie geht in Richtung Hoffnung und Leben trotz der Wirklichkeit von Hoffnungslosigkeit und Tod.

Insgesamt trägt so die Beschäftigung mit der Bibel dazu bei, die Art und Weise kennenzulernen, wie die Welt in einer religiösen Perspektive gesehen und verstanden werden kann. Biblisches

Lernen ist so ein Beitrag, den religiösen Weltzugang, die religiöskonstitutive Rationalität kennen und aktivieren zu lernen.

2. Theologische Begründungen und Ziele biblischen Lernens

2.1 Religiöses Orientierungswissen erschließen

Noch unabhängig davon, ob jemand die biblischen Schriften aus der Teilnehmer- oder Beobachterperspektive betrachtet, zielt die Beschäftigung mit Texten der Bibel darauf, dass sich Schüler/innen religiöses Orientierungswissen aneignen. In der Bibel kommt uns die Ur-Kunde des christlichen Glaubens entgegen. Hier geht es darum, die Erzählungen kennen und verstehen zu lernen, die das Volk Gottes mit seinem Gott gemacht hat. So geben sie darüber Auskunft, wie Menschen, die sich auf diese Tradition beziehen, geprägt sind. Mit anderen Worten zielt biblisches Lernen darauf, Grundlegendes über die jüdisch-christliche Religion zu erfahren. Dazu gehört das Wissen um die Erzählungen, die besonders wichtig für Israel und die Kirche sind, wie z.B. die Exodustradition, die Schöpfungsthematik, die Sinaitradition, die Tradition der Propheten u.a.

Außerdem zählt dazu, über Hintergrundwissen zu den biblischen Texten zu verfügen, um so die Textwelten besser zu erschließen. Zu wissen, dass Jesus als Bauhandwerker wohl eher zur Mittelklasse in Israel zählte, dass die Berufungserzählungen in den Evangelien die literarischen Schemata von Berufungen aufnahmen, wie sie schon das AT verwendete, lässt die Sinngestalten biblischer Erzählungen besser erschließen.

Religiöses Orientierungswissen zu erschließen bedeutet also in einem ersten Sinn deklaratives Verfügungswissen als das „Wissen, dass" zu eröffnen. Dabei darf es aber nicht bleiben. Schüler/innen müssen befähigt werden, das Verfügungswissen in Handlungswissen, also das „Wissen, wie" zu überführen.[84]

---

84 Vgl. Renkl, A.: Träges Wissen, 82f.

Konkret heißt das, das Gelernte aus der eigenen Lebenssituation heraus, dem eigenen Lebenswissen und auf der Grundlage des bereits vorhandenen (fachlichen) Vorwissens zu hören und zu strukturieren. Die Inhaltsseite zielt auf die Subjektseite und umgekehrt. Erst so wird aus Verfügungs- und Handlungswissen Orientierungswissen.

Schließlich darf es nicht dabei bleiben, „Wissensfragmente" zu erläutern. Die Schüler/innen sollen die Möglichkeit haben, aufgrund der behandelten Erzählungen und Themen der Schrift einen „roten Faden" zu entdecken, der die Geschichte Gottes mit den Menschen wahrnehmen und verstehen lässt. Es geht sowohl darum, relevantes Wissen kennen als auch vernetzen zu lernen.

2.2 Sich für Gott im Horizont des Menschen auftun

In den biblischen Schriften kommt uns nach jüdisch-christlichem Verständnis Gott selbst entgegen. Von daher eignet ihnen eine Unhintergehbarkeit im doppelten Sinn. Zum einen erheben die Schriften den Anspruch, auf ursprüngliche, einzigartige Weise Gott auszusagen. Wer Gott begegnen will, findet in den biblischen Schriften eine ursprüngliche, unaufgebbare Spur. Zum anderen sind die Erfahrungen mit Gott, die die biblischen Schriften transportieren, zum Maßstab für jeden geworden, der sich als Christ versteht.

Die Unhintergehbarkeit der Schrift ist im Wort Gottes schlechthin, in Jesus Christus zur Unüberbietbarkeit geworden. Die Inkarnation Gottes, das Einschreiben Gottes in diese Welt, das in der Schöpfung begonnen und sich in der Schrift fortgesetzt hat, hat in Jesus Christus seine letztgültige Gestalt gefunden. Wie aber kann das Wort Gottes auch Wort für mich werden? Wie kann Jesus Christus auch der Befreier für mich und uns heute werden?

Damit das Wort nicht toter Buchstabe bleibt und das Christusgeschehen nicht als Ereignis vergangener Tage abgetan wird, braucht es den Geist Gottes, der Begegnung stiftet. Wort und

Geist gehören zusammen. Damit ist die Gefahr einer fundamentalistischen, den Buchstaben verabsolutierenden Auslegung der Schrift abgewehrt. Nicht der Buchstabe für sich gibt den Maßstab der Interpretation vor. Vielmehr sind die Kriterien und die Richtung der Auslegung beim Heilswillen Gottes für die Menschen zu suchen. Was die Schrift sagen will, ist daran zu messen, was sie für das Heil des Menschen sagt.

Mit der Bibel umgehen zu lernen heißt deshalb, Gott selbst mitten im Menschenwort zu entdecken. Es heißt, in der Gottesrede der Schrift etwas vom lebendigen Gott und Vater Jesu zu ahnen. Es heißt, in der Menschen- und Weltrede der biblischen Schriften etwas darüber zu lernen, wie das Umgehen miteinander und die Möglichkeit, Welt zu gestalten, im christlichen Sinn vorstellbar wird. Aus theologischer Sicht ergibt sich daraus sowohl die Begründung als auch das Ziel biblischen Lernens.

2.3 Welt im Horizont Gottes sehen lernen

In den biblischen Schriften wird nicht nur deutlich, wie Gott im Horizont der Welt zu denken ist und wie eine Begegnung mit ihm möglich wird. Die biblischen Schriften sprechen auch davon, wie eine Welt aussieht, die auf Gott hin ausgerichtet ist.

Das wird beispielsweise in der Rede von der Welt als Schöpfung plastisch oder in der Rede vom Menschen als Ebenbild Gottes. Mit der Bibel umgehen lernen heißt, ihre Weise, von Gott und dem Menschen zu sprechen, kennenzulernen. Die Beschäftigung mit der Bibel ermöglicht es, sich mit den Gottesvorstellungen, der Anthropologie, dem Verständnis von Welt, von Werden und Vergehen, von Hoffnung und Scheitern auseinanderzusetzen. Weil die Bibel Geschichten von Menschen mit Gott beschreibt, ist sie reich an existenziellen Themen. Sie artikuliert damit nicht nur Vergangenes, sondern bewahrt Geschichten, die auch heute noch unsere Geschichten werden können.

2.4 Zu einer eigenen Position anstiften

Das Umgehen mit biblischen Texten kann ein historisches und intellektuelles Interesse sein. Biblisches Lernen will aber noch mehr. Es will zu einer eigenen Auseinandersetzung und Positionierung in Bezug auf die grundlegenden existenziellen Fragen anstiften. Die biblische Gottes-, Menschen- und Weltrede ist Impuls, in den eigenen Einstellungen weiterzukommen und zugleich Korrektiv, an dem es sich abzuarbeiten gilt.

Wie gelingendes Leben vorstellbar und gestaltbar ist, wie es möglich ist, dass auch der Andere und Fremde geachtet wird und ein Miteinander ganz unterschiedlicher Kulturen möglich wird, kann an biblischen Texten gelernt werden.

Dabei gilt jedoch, dass es in der Entscheidung der Schüler/innen liegt, wie sie sich gegenüber dem Anspruch biblischer Texte verhalten wollen: ob sie sich überhaupt in Beziehung setzen mögen, ob sie sich absetzen oder auch Aspekte biblischer Menschen-, Welt- und Gottesvorstellungen in ihre Weltdeutungsmuster integrieren wollen. Biblisches Lernen lebt davon, dass das Wort zwar als Wort Gottes klingt, dass es aber in der Freiheit der „Hörenden" liegt, mit diesem Klang umzugehen.

2.5 Ein Trost- und Lebensbuch befragen

Die Bibel thematisiert die menschliche Realität auf ungeschönte Weise. Auch die Protagonisten und Vorbilder des Glaubens wie beispielsweise Jakob oder Mose werden nicht nur in ihren Licht-, sondern auch in ihren Schattenseiten vorgestellt (vgl. z.B. Gen 25,27–34; Ex 2,11–14).

Dennoch richtet die Bibel über all diesen Dunkelheiten immer wieder die grundlegende Erfahrung auf, dass der Gott Israels und Vater Jesu ein Gott des Lebens ist (vgl. z.B. Dtn 30,19f; Joh 10,10). Nicht der Tod hat das letzte Wort, sondern die Hoffnung und das Leben. Mit der Bibel umzugehen, bedeutet von daher auch, für das eigene Leben Trost und Orientierung zu erhoffen.

Es kann Sinn eröffnen, sich mit diesen Sinnerzählungen zu beschäftigen, in denen Menschen Gott auf eine bestimmte Weise erfahren haben. Es bleibt aber in der Freiheit des Einzelnen, ob und wie er mit diesem Anspruch umgeht.

Begründungen und Ziele biblischen Lernens

Bildungstheoretische Argumentation ⇔ Theologische Argumentation

⇩ ⇩

Bildungstheoretische Argumentation	Theologische Argumentation
1. Biblisches Lernen im Kontext der Postmoderne – Beitrag zur Identitätsbildung unter Berücksichtigung kognitiver, affektiver und religiöser Voraussetzungen – Produktiver Umgang mit Pluralität – Reservoir der christlichen Tradition heute nutzen – Beitrag zu einer gerechten Globalisierung *2. Biblisches Lernen zwischen Subjekten und Inhalten auf der Grundlage einer kategorialen Bildung* – Förderung des Weltverstehens – Interessen, Erfahrungen, Ängste und Hoffnungen der Schüler/innen als Ausgangspunkt – Dimension der Relevanz und Dimension der Repräsentanz berücksichtigen (= Elementarisierung) *3. Bibel als kulturbildende Kraft wahrnehmen* *4. Bibel als Ausdruck des religiösen Weltzugangs aktivieren*	*1. Religiöses Orientierungswissen erschließen* – Hintergrundwissen der jüdisch-christlichen Tradition erschließen – Deklaratives Verfügungs- und Handlungswissen strukturieren und in Orientierungswissen überführen – Biblische Zusammenhänge erkennen und deuten (Wahrnehmung des „roten Fadens") *2. Sich für Gott im Horizont des Menschen auftun* *3. Welt im Horizont Gottes sehen* *4. Zu einer eigenen Position anstiften* *5. Ein Trost- und Lebensbuch befragen*

Grafik 5: Begründungen und Ziele biblischen Lernens

3. Kapitel: Die intertextuelle Exegese als Grundlage der bibeltheologischen Didaktik

Im folgenden Kapitel geht es um drei Dinge: Erstens soll der exegetische Diskurs über die so genannte intertextuelle bzw. kanonische Auslegung zumindest in seinen Grundlinien aufgezeigt werden. Die Textverfahren, die hier zu Tage treten, integriere ich in das Konzept der bibeltheologischen Didaktik und mache sie fruchtbar, um die Größe „Text" im Auslegungsverfahren geltend zu machen.

Zweitens gilt es, die Desiderate und Defizite, die die so genannte intertextuelle Auslegung mit sich bringt, zu bedenken und für eine bibeltheologische Didaktik zu erweitern.

Drittens schließlich sollen die Schritte der intertextuellen Auslegung im Blick auf Lern- und Bildungssituationen modifiziert werden, so dass ein konkretes Auslegungsverfahren für diese entwickelt wird.

1. Konzept und Methoden der intertextuellen Exegese

1.1 Zum Begriff „intertextuelle Exegese" und seinen Implikationen

Die biblische, kanonische bzw. intertextuelle Auslegung der Heiligen Schriften wurde in den letzten Jahrzehnten zunächst im US-amerikanischen Raum angestoßen. Schon früh hatte aber auch im deutschsprachigen Raum Norbert Lohfink unter der Rede der „Einheit der Schrift" auf dieses Anliegen hingewiesen. Mittlerweile wird dieser Ansatz im westeuropäischen Raum unter mehreren Begriffen diskutiert.

Der gebräuchlichste Ausdruck ist derjenige einer „biblischen Auslegung" (Christoph Dohmen). Thomas Hieke argumentiert beispielsweise, dass der Begriff der biblischen Auslegung demjenigen einer „kanonischen Auslegung" vorzuziehen sei, weil jener das vieldeutbare Wort „Kanon" vermeide,[85] dafür aber sofort deutlich mache, dass es um das Gesamt der Heiligen Schriften des Alten und des Neuen Testaments gehe.

Weitere Varianten sind Ausdrücke wie „kanonisch-intertextuelle Lektüre" (Georg Steins), „kanonische Auslegung" (Erich Zenger, Rolf Rendtorff), wobei letzterer Terminus den US-amerikanischen Ansatz des „canonical approach" (Brevard S. Childs) bzw. „canonical criticism" (James A. Sanders) direkt übersetzt.[86]

In der frühen Diskussion des Ansatzes wurde immer wieder der Terminus einer „Biblischen Theologie" gebraucht.[87] Das Missverständnis, dass „Biblische Theologie" im Sinne einer Theologie der biblischen Inhalte *oder* einer biblisch orientierten Theologie zu verstehen ist, wurde durch Gerhard Ebeling ausgeräumt.[88]

Zugleich impliziert der Ausdruck „intertextuelle Exegese", dass hier das Gesamt der biblischen Schriften gemeint ist (AT und NT) und diese Zwei-Einheit als hermeneutische Herausforderung zu berücksichtigen ist. Es geht um die Auslegung der „End-

---

85 Vgl. Hieke, Th.: Die Genealogien der Genesis, 331 f.
86 Weitere Lesarten sind z. B. „Endtextexegese", „holistische Exegese", die zwar je unterschiedliche Akzentuierungen ausdrücken, häufig aber als Synonyme gebraucht werden. Vgl. dazu auch Janowski, B.: Biblische Theologie I., 1544–1549; Welker, M.: Biblische Theologie II., 1549–1553.
87 Vgl. dazu z. B. die Beiträge von Christoph Dohmen, Thomas Söding, Manfred Oeming u. a. in dem Band Dohmen, Ch. / Söding, Th. (Hg.): Eine Bibel – zwei Testamente; vgl. auch Ebeling, G.: Was heißt „Biblische Theologie"?, 69–89; vgl. auch Rendtorff, R.: Theologie des Alten Testaments, Bd. 2, 313, der wiederholt darauf hinweist, dass Gabler die Unterscheidung von „dogmatischer" und „biblischer" Theologie prägte; vgl. auch Janowski, B.: Biblische Theologie, 1544–1549.
88 Vgl. Ebeling, G.: Was heißt „Biblische Theologie"?, 69–71 und 82–88 f. Vgl. dazu auch seine programmatischen Ausführungen, mittels derer er deutlich machen konnte, dass alle Bemühungen um eine Biblische Theologie sowohl die Exegese als auch die Systematische Theologie betreffen.

gestalt" der Texte.[89] Ferner meint diese Terminologie, dass es um eine theologische Auslegung der Texte geht bzw. um eine Theologie, die von der Bibel herkommt. Die Themen und Problemstellungen, die diesem Ansatz zugundeliegen (wie z.B. die Kanonfrage, die Einschätzung und Bedeutung des Textes wie des Lesers), werden im Sinne eines „gemeinsamen Nenners" der verschiedenen Varianten des biblischen, kanonisch-intertextuellen bzw. kanonischen Ansatzes verstanden bzw. aufgegriffen und assimiliert.

Die Formulierung „intertextuelle Exegese" macht von vornherein klar, dass es sich um ein interdisziplinäres Unternehmen handelt. Waren bislang vor allem die Bibelwissenschaften und die Systematische Theologie an diesem Dialog beteiligt,[90] so soll er im Folgenden um die Praktische Theologie, und zwar in Form der bibel*didaktischen* Perspektive, erweitert werden.

Insgesamt ist mit der Bezeichnung „intertextuelle Exegese" auch angezeigt, dass es sich nicht um einen einzelnen Methodenschritt handelt, der etwa in den Gesamtansatz der historisch-kritischen Auslegung eingeschoben werden könnte. Die intertextuelle Exegese ist vielmehr ein „eigenständiges Methodenensemble" bzw. besser noch ein eigener exegetischer Ansatz, der die biblischen Schriften und deren Gehalt zu ergründen sucht und erst dann in eine bestimmte Methodenfolge übersetzt werden kann.

---

89 Vgl. Rendtorff, R.: Theologie des Alten Testaments, Bd. 2, 281f. Rendtorff geht hier auf die verschiedenen Kritikpunkte gegenüber dem Begriff „Endgestalt" ein, wie z.B. darauf, dass es aufgrund der unterschiedlichen Textzeugen bei manchen Stellen gar keine verbindliche Endgestalt gebe oder dass sich eine verbindliche Festlegung einer bestimmten Textgestalt historisch nicht ausmachen lasse.
90 Vgl. dazu z.B. Dirscherl, E.: Der biblische Kanon als Herausforderung, 51–60; vgl. kritisch sich absetzend Rahner, J.: Kanonische und/oder kirchliche Schriftauslegung?, 402–422.

1.2 Intertextueller Ansatz versus historisch-kritische Exegese? – Anmerkungen zu einem spannungsvollen Verhältnis

Insgesamt kann man festhalten, dass es in den letzten Jahrzehnten zu einem Umschlag in der Exegese gekommen ist.[91] War im Zuge der Forschungen der historisch-kritischen Methode der Begriff der Einheit gleichsam zum Gegenbegriff geworden, geht die Aufmerksamkeit heute wieder neu in diese Richtung. Ziel des Interesses ist es, die „Einheit der Schrift" herauszuarbeiten und die Trennung von historischer Auslegung und heutiger Aneignung zu überwinden.[92] Es gilt, das Ziel der Auslegung, nämlich Verständigung zu erreichen, als „Ereignis" der Exegese bewusst zu halten und entsprechend einzufordern.[93] Es geht darum, die Schrift als Ausdruck von Erfahrungen kennenzulernen, die Menschen mit Gott gemacht haben und die als solche auch noch uns Heutige betreffen. Die biblischen Geschichten sind so nicht einfach vergangen. Sie wollen erinnert, aktualisiert – und das heißt, mit den Erfahrungen der Menschen der Gegenwart gefüllt werden.[94]

Anders als es sich der historisch-kritische Ansatz zum Ziel gesetzt hat, geht die intertextuelle Lesart nicht davon aus, die Intention des Autors eruieren zu können und mittels dieser die aktuelle Situation anzufragen. Die Aufmerksamkeit des intertex-

---

91 Vgl. Georg Steins: Kanon und Anamnese, 110, der fragt, ob wir es mit „Änderungen der hermeneutischen Großwetterlage" zu tun hätten. Vgl. dazu auch Meurer, Th.: Die Wiederentdeckung der Bibel als Buch, 29–37.
92 Vgl. Steins, G.: Die Einheit der Heiligen Schrift, 140f.; vgl. dazu auch Ratzinger, J.: Jesus von Nazareth, 13–20.
93 Werner H. Schmidt: Zur Theologie und Hermeneutik des Alten Testaments, 15, als Vertreter der „klassischen" historisch-kritischen Exegese, macht auch auf diesen Umstand aufmerksam. Er kritisiert an der eigenen Forschungsrichtung, dass die Aufdeckung der Entstehungszeit eines Textes und seines geistes-, sozial- und religionsgeschichtlichen Hintergrundes überbetont werde und gleichsam als Zielpunkt der Exegese gelte und nicht, was es seiner Meinung nach ist, als wichtiges „Zwischenstadium" fungiere.
94 Georg Steins: Kanon und Anamnese, 120–129, will dieses Anliegen durch das Phänomen der Anamnese illustrieren, das er als der Schrift innewohnendes Strukturprinzip ausweist.

tuellen Ansatzes richtet sich auch nicht darauf, die verschiedenen Rekonstruktionen und Entstehungsschichten eines Textes als Wert an sich herauszuarbeiten. Diachrone Aspekte der Texte, also ihre Gewordenheit in den Blick zu nehmen, interessiert nur insofern, als sie etwas für die Endgestalt des Textes und seine Aussageabsicht hergeben. So kann man sagen, dass nicht so sehr der „ursprüngliche Autor" als vielmehr die Endgestalt des Textes zählt.

Die intertextuelle Exegese konzentriert sich, wie noch zu zeigen sein wird, darauf, die Absicht des Werks *(intentio operis)* zu entdecken, und zwar als Kommunikationsvorgang zwischen Text und Leser. Das ist wohl der grundlegende Unterschied zwischen historisch-kritischer und intertextueller Exegese.[95] Die intertextuelle Auslegung versteht den Leser als Sinnkonstrukteur, der die verschiedenen Einspielungen und Intertextualitäten eines Einzeltextes im Gesamt des Kanons ausmacht. Das ergibt sich daraus, dass der Kanon selbst diesen Prozess in sich trägt. Dies wirft natürlich auch die Frage nach den Grenzen der Interpretation auf, die weiter unten eingehend reflektiert werden sollen.

Insgesamt kann also die historisch-kritische Auslegung als produktionsästhetisches Verfahren charakterisiert werden, während sich die intertextuelle Auslegung als rezeptionsästhetisches Geschehen versteht.

Zugleich wird die Auslegungsgemeinschaft als Größe des Auslegungsgeschehens deutlich. Die intertextuelle Exegese anerkennt, dass die Textbezüge immer auch abhängig sind von den jeweiligen Auslegungsgemeinschaften, sprich den christlichen Kirchen, der jüdischen Glaubensgemeinschaft etc. Sie konstituieren die Textbezüge mit, ja produzieren sie, wie sie zugleich aber auch durch diese bedingt werden.

Trotz dieses anderen Blickwinkels des intertextuellen Ansatzes gilt es, das große Verdienst der historisch-kritischen Exegese herauszustellen und in das Konzept der intertextuellen Ausle-

---

95 Vgl. dazu auch Groß, W.: Ist biblisch-theologische Auslegung ein integrierender Methodenschritt?, 124f.

gung zu integrieren: Es gilt, die Vielstimmigkeit der Texte bewusst zu machen. Die Einheit darf die Vielheit nicht unterdrücken, sondern muss deren Grund und Ziel sein.

Der intertextuelle Ansatz nimmt von daher sehr wohl die Spannungen, Doppelungen und Widersprüche in einem Text wahr. Er richtet seine Fragehaltung aber darauf, wie sie in der Endgestalt des Textes zum Tragen kommen und verstanden werden. Die spannungsvollen Beziehungen, die in einem Text deutlich werden, sind also auf ihre Aussageabsicht zu befragen.

Insgesamt kann man sagen, dass der intertextuelle Ansatz sehr wohl die Ergebnisse der historisch-kritischen Forschung würdigt und ihre Arbeitsschritte in das Auslegungsverfahren integriert. Der Unterschied besteht in der veränderten Fragerichtung und im veränderten Auslegungsinteresse. Während die historisch-kritische Exegese ihr Augenmerk auf die Rekonstruktion der Vorstufen eines Textes legt und den Methodenschritt der Redaktionskritik oft zu wenig in dem Sinn versteht, was die Endgestalt eines Textes zu bedeuten habe, hebt der intertextuelle Ansatz auf eben diese Endgestalt ab. Von daher bekommt auch der Kanon als Resonanz- und Referenzrahmen für die Auslegung ein neues Gewicht.

Man kann den Unterschied zwischen historisch-kritischer und intertextueller Exegese noch von einem anderen Gesichtspunkt aus beschreiben. Während es der historisch-kritischen Auslegung um die Erforschung des Textes geht (Textorientierung) und die biblischen Schriften in diesem Sinn als „Urkunde des Glaubens" verstanden werden, versucht der intertextuelle Ansatz die Urkunde des Glaubens noch vornehmlicher auf ihre Bedeutung für die Gegenwart hin zu befragen (Leserorientierung/Erfahrung).[96] So sehr die Unterschiedlichkeit der beiden Perspektiven deutlich wurde, so sehr liegt aber auch deren Bezogenheit auf der Hand.

---

96 Vgl. dazu die Gegenüberstellung von historisch-kritischer Methode und den „neuen Zugängen", die Helmut Merklein und Horst Klaus Berg vorgelegt haben: Merklein, H.: Integrative Bibelauslegung, 117–123; Berg, H.K.: Ein Wort wie Feuer.

Die historisch-kritische Methode gewährleistet durch ihre Textorientierung, dass der Sinnhorizont, der den alt- und neutestamentlichen Texten aneignet, verstehbar gemacht wird. So steuert sie einer willkürlichen Vereinnahmung der biblischen Texte entgegen. Mit anderen Worten: Die historisch-kritische Methode zeigt einen kontextuellen Rahmen auf, dessen sich die subjektiven Sinnstiftungen eines Textes vergewissern müssen, wenn es sich um eine angemessene Auslegung des Textes handeln soll.

Die intertextuelle Auslegung macht darauf aufmerksam, dass die Texte über ihre Zeit hinausreichen und sich in der Gegenwart neu ereignen, indem sie gelesen, gedeutet und ins Handeln übersetzt werden. Sie bringt die Bedeutung und den Stellenwert der Kommunikation zwischen Leser und Text ein und erkennt, dass sich darin der Sinn eines Textes konstituiert. Die historisch-kritische Methode hat das so nicht im Blick.

Trotz dieser grundlegenden Verschiedenheit bleibt eine Verwiesenheit beider Ansätze aufeinander gegeben. Der Unterschied besteht, wie herausgearbeitet wurde, im unterschiedlichen Blickwinkel und der unterschiedlichen Tragweite der Ansätze.

2. Die Bibel als Gegenstand der Auslegung – Zum Problem des Kanons

Der Gegenstand der intertextuellen Auslegung ist der so genannte biblische Kanon, also eine bestimmte Anzahl und Auswahl biblischer Bücher sowohl des Alten als auch des Neuen Testaments. Im Christentum wurde der Begriff des Kanons für die verbindliche Sammlung Heiliger Schriften sicher erst ab dem vierten Jahrhundert n. Chr. benutzt.[97]

Bis in die jüngste Zeit hinein wurde die Kanonfrage vor allem als historische Frage diskutiert. Es interessierten die verschiedenen Kanonlisten und ihre unterschiedlichen Anfüllungen. Seit

---

97 Vgl. Dohmen, Ch.: Die Bibel und ihre Auslegung, 20.

den 1960er Jahren gibt sich die Kanonfrage zunehmend als theologische Frage zu erkennen. Das heißt, dass immer klarer wurde, dass nur historische – im Zusammenhang mit biblischen und systematischen – Fragen dem biblischen Kanon und seiner Bedeutung für das Leben der Gläubigen gerecht werden.[98] Hatte die historisch-kritische Exegese das Augenmerk der Forschung auf das Problem gelegt, welche Textstücke in welche Zeit gehörten, ging es jetzt wieder darum, die „kanonische Gestalt" eines Textes als Ausgangspunkt für den Prozess des Verstehens zur Geltung zu bringen. Nordamerikanische Exegeten wie Brevard S. Childs oder James A. Sanders hatten daran erinnert. Damit war eine Neuorientierung der Bibelwissenschaften eingeleitet, die als „canonical approach" bzw. „canonical criticism",[99] als „kanonische Schriftauslegung" bzw. als biblische oder auch intertextuelle Schriftauslegung bekannt wurde.

2.1 Kanonwerdung und Kanonabschluss

Die intertextuelle Auslegung hat bezüglich des Kanons zwei Phänomene unterschieden, nämlich den Prozess der Kanonwerdung und das Faktum des Kanonabschlusses. Brevard S. Childs konnte zeigen, dass unter dem Begriff Kanon nicht nur das zu verstehen ist, was wir heute zwischen zwei Buchdeckeln gebündelt als Heilige Schrift des Alten und Neuen Testaments bezeichnen. Die Schrift selbst ergibt sich durch Fortschreibungsprozesse, indem Tradenten frühere Traditionen aufgreifen, aktualisieren und neu deuten. Damit werden Themen, Erzählungen etc. zu Standards und zu Bezugspunkten der Identifizierung für die

---

98 Vgl. Dohmen, Ch.: Der biblische Kanon in der Diskussion, 452; Dohmen, Ch./Oeming, M.: Biblischer Kanon. Warum und wozu?, 12–15.
99 Georg Steins: „Bindung Isaaks", 10–26, hat u. a. darauf aufmerksam gemacht, dass der „kanonische Zugang" zu den biblischen Texten durchaus unterschiedliche Spielarten kennt, die eigene Akzentuierungen vornehmen und damit in ihrer Tragweite bzw. Begrenztheit zu sehen sind; vgl. auch Dohmen, Ch.: Die Bibel und ihre Auslegung, 21.

Leserschaft. Childs nennt diesen Prozess den „kanonischen Prozess".[100] Der kanonische Prozess ist also kein willkürlicher, durch einen juridischen Akt einfach gesetzter, sondern wohnt dem Fortgang der Schrift selbst inne.

„Kanonisierung" dagegen drückt aus, dass dieser Prozess zu einem Ende kam und ein bestimmter Teil der Schriften, die der biblischen Text- und Erzählwelt angehören, als Einheit verstanden wurde. In der so genannten Kanonformel sind beide Aspekte angesprochen. Hier ist davon die Rede, dass man am Wortlaut der Schriften „nichts wegnehmen" (kanonischer Prozess) und „nichts hinzufügen" (Kanonisierung) soll (vgl. Dtn 4,2; Dtn 13,1; Koh 3,14; Jer 26,2; Spr 30,6).

Insgesamt zeigt sich, dass sich die Kanonfrage nicht in erster Linie auf eine bestimmte, genau beschreibbare Anzahl von einzelnen Schriften bezieht. Die Kanonfrage macht vielmehr auf den Rezeptionsvorgang aufmerksam, der für diese Schriften zutrifft. Was als kanonisch gilt, wurde von einer bestimmten Glaubensgemeinschaft als maßgeblich, normierend und orientierend ausgewiesen. Die Rede vom Kanon ist damit als „Rezeptionsphänomen" (G. Steins) zu verstehen. Das gilt es auch bei der Auslegung der Schriften zu berücksichtigen.[101]

Die intertextuelle Exegese machte ferner darauf aufmerksam, dass die Endgestalt des Textes Ergebnis eines langen Überlieferungsprozesses ist, der selbst wiederum ein Deutungs- und Aktualisierungsprozess war. Die Entscheidung für die Interpretation der Endgestalt des Textes ist also letztlich keine methodische, sondern eine theologische.

---

100 Vgl. Dohmen, Ch./Oeming, M.: Biblischer Kanon warum und wozu?, 23; Stuhlmacher, P.: Der Kanon und seine Auslegung, 275.
101 Vgl. Steins, G.: Kanon und Anamnese, 114, Anm. 14., der eine Bildung des Kanons im Kanon beschreibt. Das kann man noch in einer anderen Hinsicht konkretisieren. Im liturgischen Vollzug der Kirche beispielsweise wie auch im Religionsunterricht macht sich eine Verknappung des gewachsenen Kanons auf einen Kanon im Kanon bemerkbar. Während die beiden Schöpfungsberichte hinlänglich bekannt sind, kennt kaum jemand genauer die Psalmen. Und bei verschiedenen Varianten einer Perikope hat sich meist eine durchgesetzt wie z. B. bei der Geburt Jesu diejenige nach Lk und nicht nach Mt.

2.2 Endgestalt des Textes und Auslegungsgemeinschaft

James A. Sanders hat den Prozess der Kanonwerdung genauer untersucht und die Frage gestellt, was Schriften schließlich zu Heiligen Schriften einer Gemeinschaft werden ließ. Er konnte zeigen, dass die gewählte Ansammlung der Schriften eine bestimmte, nämlich maßgebende und maßgebliche Funktion für die tradierende Gemeinschaft hatte. Nur von einer bestimmten Gemeinschaft her und nur auf diese bezogen kann deshalb von einem Kanon der Heiligen Schriften gesprochen werden. Das Subjekt, hier die Glaubengemeinschaft, hat eine konstitutive Bedeutung für den Auslegungs- und Verstehensprozess.[102]

Dies hat mehrere Konsequenzen. Zum einen ist so erklärbar, warum z.B. für die Glaubensgemeinschaft der Juden eine andere Ansammlung biblischer Schriften kanonisch sein kann und faktisch auch ist (TaNaK) als für die Christen. Und auch bei den Christen unterscheidet sich der Kanon der Katholiken (TaNaK und LXX) von demjenigen der evangelischen Christen (TaNaK ohne LXX). Die „Endgestalten" (Brandt) biblischer Arrangements variieren also.[103] Zum anderen zeigt das, dass auch die Auslegung und das Verstehen der Schriften von der Gemeinschaft mitgeprägt werden, die die Interpretation der Schriften betreibt, so dass die Auslegung unterschiedlich ausfällt.

2.3 Das Verhältnis zwischen Altem und Neuem Testament – Der Ansatz der „multiperspektivischen Hermeneutik"

Die Auslegung des Kanons insgesamt vollzieht sich für die Christen als die Auslegung der „zwei-einen Bibel". Die Verhältnisbestimmung dieser zwei-einen Bibel wird sowohl in den biblischen als auch den systematisch-theologischen Disziplinen heftig

---

102 Vgl. Dohmen, Ch.: Biblische Auslegung, 176; Lohfink, N.: Eine Bibel – zwei Testamente, 72–74; Steins, G.: Kanonisch lesen, 49.
103 Vgl. Hieke, Th.: Die Genealogien der Genesis, 331; Rendtorff, R.: Theologie des Alten Testaments, Bd. 1, 4–6.

diskutiert.[104] Im Folgenden soll ein Modell vorgestellt werden, das ich als „multiperspektivische Hermeneutik" bezeichne. Dieses nimmt ernst, dass sich die Heilige Schrift der Christen aus zwei Testamenten zusammensetzt, wobei der erste, größere Teil zudem die Heilige Schrift einer anderen Religionsgemeinschaft ist, nämlich des Judentums. Das Modell der multiperspektivischen Hermeneutik geht davon aus, dass sich in der Auslegung der Heiligen Schrift des Christentums mehrere Blickrichtungen vereinen:

Erstens zeigt sich, dass das Verstehen der Schriften der jüngeren Auslegungsgemeinschaften, sprich der Christen, konstitutiv auf das Verstehen der älteren Auslegungsgemeinschaft des Alten Testaments, der Juden, verwiesen ist. Die Christen sind an ihre Wurzel, die Juden, gebunden und entfalten sich von dieser her, indem sie aufnehmen und neu interpretieren, was sie von der jüdischen Glaubensgemeinschaft empfangen haben. Das Neue Testament ist insofern ohne das Alte Testament nicht zu verstehen.[105]

Zweitens ist das Christusereignis für die Christ/innen das entscheidende Geschehen, das einen neuen Blick auf die Heiligen Schriften des Volkes Israels eröffnet und neue Interpretationen schafft. Diese sind konstitutiv für die Glaubensgemeinschaft der Christen, die Kirche. Mit anderen Worten wird eine christliche Auslegung der Schriften die Unableitbarkeit des Christusereignisses sowohl voraussetzen als auch ausdeuten.

Drittens schließlich gilt das Konzept der „doppelten Hermeneutik", das neben der christlichen Rezeption der Heiligen

---

104 Vgl. z.B. Söding, Th.: Wissenschaftliche und kirchliche Auslegung, 94–104; Dohmen, Ch.: Die zweigeteilte Einheit der christlichen Bibel, 11–22 (Lit!).
105 Vgl. Söding, Th.: Probleme und Chancen biblischer Theologie, 163–174. Anzumerken ist hier, dass sich die neutestamentlichen Autoren normalerweise auf den so genannten „Mehrheitstext" des zeitgenössischen Judentums, die Biblia Graeca, bezogen. Dieser war der für die Heidenchristen und die hellenistischen Judenchristen der Text, der allein zugänglich war. Deshalb kommt der Septuaginta aus neutestamentlicher Sicht besondere Bedeutung zu. Vgl. dazu auch Söding, Th.: Probleme und Chancen biblischer Theologie, 168f.

Schriften Israels auch ernst nimmt, dass der TaNaK als jüdische Bibel als eigenständige Stimme wahrzunehmen ist. Die zwei Seiten des Alten Testaments (als jüdische Bibel[106] und als erster Teil der christlichen Bibel) dürfen weder vermischt noch getrennt werden, sondern müssen „zusammengehört" werden.[107]

Das ergibt sich sowohl durch die „Prae-Position" (Dohmen) der Bibel Israels gegenüber der Zwei-Einheit der christlichen Bibel als auch dadurch, dass das Neue Testament ohne die alttestamentlichen Zitate und Rückverweise nicht angemessen verstanden werden kann.[108] Die jüdische Auslegung der Bibel Israels, also des TaNaK, klingt damit sozusagen „symphonisch" mit der Auslegung des AT als ersten Teils der christlichen heiligen Schriften zusammen, ohne jedoch ineinander aufzugehen. Als solche beeinflusst sie wiederum die Auslegung der neutestamentlichen Schriften.

Mit anderen Worten heißt das: Auch wenn für die jüdische Auslegung das Wort Gottes mit den Schriften des Alten Testaments abgeschlossen ist, es für die Christen sich jedoch im Neuen Testament weiterschreibt, so gilt doch, dass die „interpretatio judaica" nicht einfach in der Interpretation des Alten Testaments aufgeht. Sie beeinflusst diese vielmehr und hat damit auch Auswirkungen auf die Auslegung der zweigeteilten Bibel des Christentums. Die neutestamentlichen Hörer und Leser des Alten

---

106 Vgl. dazu Dohmen, Ch./Stemberger, G.: Hermeneutik der jüdischen Bibel und des Alten Testaments, bes. 211–213. Christoph Dohmen unterscheidet terminologisch sachgerecht zwischen AT, als erstem Teil der zweigeteilten christlichen Bibel und Bibel Israels bzw. Jüdischer Bibel. Die Bibel Israels und die Jüdische Bibel unterscheiden sich nun nicht in Bezug auf den Textumfang oder den Kontext. Wenn aber von der Jüdischen Bibel die Rede ist, dann ist damit gemeint, dass die Bibel Israels von der Glaubensgemeinschaft des Judentums gelesen wird und wie das Lesen und Auslegen der Bibel Israels im Judentum vonstatten geht. Ebd., 212. Vgl. zur Terminologie auch Rendtorff, R.: Theologie des Alten Testaments, Bd. 2, 302.
107 Vgl. Childs, B.S.: Die Beziehung von Altem und Neuem Testament aus kanonischer Sicht, 32.
108 Vgl. Dohmen, Ch./Stemberger, G.: Hermeneutik der jüdischen Bibel und des Alten Testaments, 212; Rendtorff, R.: Theologie des Alten Testaments, Bd. 2, 302–304.

Testaments akzeptieren, dass sie als „Zweitadressaten" dieser Schrift zu verstehen sind, also zusammen mit Israel und partizipierend an der Hörgemeinschaft Israels diese Schrift als Wort Gottes vernehmen. Klaus Koch hat in diesem Zusammenhang das Wort vom „doppelten Ausgang des Alten Testaments" geprägt. Er schlussfolgert, dass „die unterschiedliche Rezeption des Kanons und dieser doppelte Ausgang in Kirche und Synagoge nicht nur Ergebnis menschlichen Fehlverhaltens [ist], sondern ein Werk Gottes, das wir irgendwie anzuerkennen haben."[109]

Diese unterschiedlichen Perspektiven müssen bei der Auslegung der biblischen Schriften berücksichtigt werden. Deshalb spreche ich von einer multiperspektivischen Auslegung.

2.4 Konsequenzen für die Auslegung

Aus der Definition des Kanons, der Beziehung der Auslegungsgemeinschaft(en) zu den Texten und untereinander ergeben sich Konsequenzen für die Auslegung. Insofern der Kanon als der letzte literarische Kontext eines Textes fungiert, und zwar sowohl in zeitlicher als auch in sachlicher Hinsicht, gilt es Folgendes zu beachten: Einzeltexte müssen in Bezug auf den Kanon ausgelegt und von ihm her verstanden werden.

Weil der Kanon eine spezifische Struktur etabliert, und zwar eine nach außen hin abgeschlossene und nach innen hin offene, kann die Einheit des AT z. B. nur als komplexe, kontrastive und unsystematische Einheit gedacht werden. Auch wenn das NT seine Mitte in Jesus Christus und in der von ihm verkündeten Botschaft des Reiches Gottes findet, gilt es trotzdem, die Polyphonie der Texte zur Geltung zu bringen, und zwar sozusagen im Sinne einer Symphonie. Das heißt, dass erst die unterschiedlichen Klänge miteinander einen neuen Klang ergeben.

---

109 Vgl. Koch, K.: Der doppelte Ausgang des Alten Testamentes, 241.

Norbert Lohfink konkretisiert das, indem er von einer „konturierten Intertextualität" spricht.[110] Diese befördert eine Auslegung, die die Verwobenheit der Texte miteinander und die Verwobenheit der Sinnzusammenhänge des Wortes Gottes insgesamt anspielt und zu entdecken aufgibt.

Gerade dieses Phänomen ist für biblisches Lernen wichtig. Die intertextuelle Auslegung hilft, sich nicht damit zufrieden zu geben, „verinseltes Wissen", „d.h. unzusammenhängendes Einzelaspektentum" zu fördern, sondern sich an Sinnsträngen und Sinnangeboten der Schrift abzuarbeiten. Die Frage ist freilich noch zu klären, wie diese Sinnzusammenhänge im Auslegungsprozess zur Geltung kommen.

G.T. Sheppard nennt zwei Möglichkeiten, wie die Vernetzung innerhalb des Kanons erfolgen kann. Er spricht von den „kanonbewussten Redaktionen" (canon-conscious-redactions) und den „hermeneutischen Konstruktionen" (hermeneutic constructs). Bei der ersten Möglichkeit gilt es Bezüge, die der Redaktor einer Schrift bereits zu anderen Büchern des Kanons geknüpft hat, aufzudecken. Bei der zweiten soll man aufmerksam sein für die Vorverständnisse, die sich bezüglich eines Einzeltextes allein schon dadurch ergeben, dass er in einer bestimmten Buchgruppe des Kanons und an einer bestimmten Stelle einer Erzählfolge bzw. einer Einzelschrift lokalisiert ist.[111]

Schließlich hat die Tatsache, dass der Kanon eine spezifische Rezeptionsvorgabe etabliert, Konsequenzen für die Auslegung. Der Kanon konserviert nämlich nicht nur den Text, sondern macht ihn stets aktuell lesbar. Damit spielt der Kanon eine bestimmte Rolle beim Rezeptionsvorgang und eröffnet sozusagen einen „Spielraum" von Kontextualisierungsmöglichkeiten. Diese „Einspielungen" anderer Texte einzuholen, die im Zusammenhang mit dem auszulegenden Text stehen, ist deshalb ein weiterer Schritt, der im methodischen Verfahren der Auslegung zu berücksichtigen ist.

---

110 Vgl. Lohfink, N.: Eine Bibel, 79.
111 Vgl. Sheppard, G.T.: Canonization, 21.

Schließlich gilt es noch zu bedenken, dass der Kanon Literatur, ja heilige Literatur für eine bestimmte Rezeptionsgemeinschaft ist. Damit wird das Desiderat konkretisiert, „Einspielungen" anderer Texte einzuholen. Gerade wegen der Zwei-Einheit der christlichen Bibel ergibt sich, dass die Auslegung nicht beim Kanon als Großtext beginnt, sondern bei den einzelnen Kanonteilen ansetzt. Die Texte müssen zunächst in ihrem Nah-Kontext wahrgenommen werden, bevor der Großkontext eingespielt wird.

Konkret ergeben sich daraus folgende Auslegungsschritte:
- Den Einzeltext struktural analysieren.
- Einspielungen des Nah-Kontextes wahrnehmen, d.h. zunächst des AT oder NT, je nachdem, in welchem Kanonteil der Text zu finden ist. Die Vorverständnisse, die dadurch an einen Text herangetragen werden, müssen geklärt werden (hermeneutische Konstruktionen).
- Die Kanon-Einspielungen, die der Redaktor vorgenommen hat, eruieren – diese beziehen sich zuerst auf den Nah- und dann auf den Großkontext. Dabei sind die Auslegungen der jeweiligen Auslegungsgemeinschaften zu berücksichtigen (multiperspektivische Hermeneutik).
- Die Vielfalt der Stimmen eines Textes zu einer Symphonie komponieren, in der die Vielfalt noch erkennbar ist.

Diese Schritte helfen, den Text innerhalb des Kanons wahrzunehmen. Im Folgenden gilt es zu klären, wie die Beziehung von Text und Leser bzw. von Text, Leser und Auslegungsgemeinschaft zu verstehen ist und welche Schritte sich daraus für das Auslegungsgeschehen ergeben. Dabei ist es wichtig, die zugrundeliegende Texttheorie zu beleuchten, um so zu erhellen, wie sich die Suche nach Textsinn gestaltet.

3. Zur Texttheorie

3.1 Der Text als Bote

Die intertextuelle Auslegung nimmt die Endgestalt des Textes zum Ausgangspunkt des Auslegungs- und Verstehensprozesses. Sie bringt den Text zur Geltung und schreibt ihm eine herausragende Rolle zu.

Verschriftlichte Texte und deren eigene Kommunikationssituation
Christoph Dohmen rekurriert hierzu auf die Texttheorie von Konrad Ehlich, die die Bedeutung des Textes genauer zu klären hilft.[112] Ehlich legt dar, dass Texte jene Sprachhandlungen sind, die über die aktuelle Sprechsituation hinausreichen. Ihnen eignet von sich aus ein bestimmter Traditionsüberschuss. Ehlich nennt das „sprechsituationsüberdauernde Stabilität".[113] Der Text übernimmt eine Mittler- und Mittelungsstellung zwischen dem Verfasser eines Textes und dem Leser eines Textes. Was der Sprecher bzw. Verfasser sagen will, konserviert er in einem Text. Indem der Leser den Text liest, aktualisiert er die ursprüngliche Sprechhandlung, jetzt jedoch in seinem eigenen Kontext.[114] Der Text wird damit zum Boten zwischen dem Sender und dem Empfänger. Anders gesagt, eröffnet der Text einen Rahmen des Verstehens, in dem der Empfänger aktiv werden kann und muss, wenn er Sinn generieren und Kommunikation erreichen will.

Diese Texttheorie gehört den so genannten konservativen Modellen an, weil sie das Sender-Empfänger-Verhältnis noch als direktes versteht. Der Text bleibt lediglich Medium, um Infor-

---

112 Vgl. Dohmen, Ch.: Biblische Auslegung, 179f.
113 Vgl. Ehlich, K.: Text und sprachliches Handeln, 37; vgl. auch Hieke, Th.: Die Genealogien der Genesis, 326.
114 Umberto Eco wird diesen Gedanken variieren. Der Leser aktualisiert nicht bzw. nicht nur die ursprüngliche Sprechsituation in seinem eigenen Kontext. Er ruft auf und narkotisiert vielmehr, was er für sein Textverstehen braucht. Dass der Text freilich mittels seiner Strategien „mitredet", was der Leser narkotisiert und was er aufruft, ist hier mitzudenken. Vgl. dazu Eco, U.: Lector in fabula, 67f. 107.

mationen vom Sender an den Empfänger weiterzugeben. Dennoch kann Folgendes für das Geflecht der Beziehungen Sender – Text – Empfänger festgehalten werden: Die erste Beziehung geht vom Sender zum Text (Produktion). Eine andere geht vom Empfänger/Leser zum Text (Rezeption). Schließlich kann noch eine dritte Beziehung ausgemacht werden, nämlich diejenige vom Sender zum Empfänger. Diese Beziehung ist durch den Text vermittelt.

Schon an dieser konservativen Texttheorie wird deutlich, dass ein Sinnverstehen nicht darauf zielen kann, des Autors gewiss zu werden, sondern nur des Textes bzw. der Rekonstruktion(en) des Texts durch den Leser gewahr zu werden. Damit wird der Welt des Textes eine eigene Dignität zugestanden, die nicht in der Welt des Verfassers aufgeht.

Umberto Eco: Textauslegung zwischen der Absicht des Verfassers (intentio auctoris), der Absicht des Werkes (intentio operis) und der Absicht des Lesers (intentio lectoris)
Umberto Eco hat diesen Gedanken weiter ausgebaut. Eco verwendet dazu eine Diktion aus der klassischen Rhetorik. Er unterscheidet die *intentio auctoris* (die Absicht des Verfassers) von der *intentio operis* (der Absicht des Werkes) und schließlich der *intentio lectoris* (der Absicht des Lesers).[115] Mit dieser Unterscheidung wehrt Eco eine Vereinnahmung des Textes durch den empirischen, also realen Leser ab. Zugleich grenzt er die *intentio lectoris* auf die Leistung des Modell-Lesers ein. Der Text selbst gibt die Grenzen und die Möglichkeiten vor, in der die Sinnkonstruktionen des Lesers möglich und nötig sind. Mit der Annahme der *intentio operis* wird eine regulative Idee der Interpretation eingeführt.

Insgesamt denkt Eco die Beziehung von Autor, Text und Leser noch viel umfassender. Hier soll nur soviel erwähnt werden, dass der Text als „träge Maschine" auf die Aktivität des Lesers angewiesen bleibt. Der Leser ist es, der Bedeutungen des Textes wach-

---

115 Vgl. Eco, U.: Die Grenzen der Interpretation, 35–39.

ruft oder auch „narkotisiert". Dass das kein willkürliches Verfahren ist, erklärt Eco mittels der Theorie des *Topics* und der *Textstrategien*. Das Topic, also die vom Leser aufgestellte Hypothese, hilft dem Leser, die Bedeutungen einzuspielen, die für das Textverstehen wichtig sind, und jene auszublenden, die das Verstehen nur belasten würden. (Die „Information", dass die Hochzeit zu Kana am dritten Tag stattfand und nicht am vierten Tag, ist für den Leser, der das Topic „Theophanieerzählung" als Schema für das Verstehen von Joh 2 gewählt hat, wichtig, wird jedoch von Lesern mit anderen Topics vermutlich übersehen.)

Ist das Topic die eine Seite, mittels derer die Bedeutungen aktualisiert werden, so ist der Text selbst mittels seiner Strategien die andere Größe, die dieses bewirkt. Der Autor muss diejenigen Strategien in einen Text einspeisen, bei denen er davon ausgehen kann, dass sein konstruierter Modell-Leser sie auch aufzunehmen vermag.[116]

Insgesamt lässt sich damit festhalten, dass ein verschrifteter Text eine neue Sprechsituation auslöst, in der der Text als feste Zeichenfolge weiter besteht, sein literarischer Kontext wie auch seine Leser/innen aber wechseln. Anders gesagt ist der Text mehr als die Intention des Autors, er ist auch mehr als die Rekonstruktionen des Texts durch den Leser. Zugleich gilt aber, dass sowohl die Intention des Autors als auch die Rekonstruktionen, die durch den Leser vorgenommen werden, die Welt des Textes speisen. Die Frage freilich bleibt, wie diese Beziehungen im Auslegungsverfahren methodisch einzuholen sind.

---

116 Vgl. Eco, U.: Lector in Fabula, 107–114.

3.2 Der Text als Bezugspunkt der Kommunikation

Zur Bedeutung der Endgestalt des Textes
Die Frage ist nun, auf welche Aussageabsicht sich die Kommunikation beziehen soll. In der traditionellen historisch-kritischen Exegese wurden viele Bemühungen darauf gerichtet, die Aussageabsicht des Autors herauszufinden. Dass das ein schwieriges und oftmals ein unmögliches Unterfangen ist, haben die Studien der historisch-kritischen Auslegung gezeigt. Die intertextuelle Exegese hat darauf aufmerksam gemacht. Sie nimmt deshalb diese bisherige Blickrichtung in der Exegese nicht mehr ein, die auf die Erforschung der *intentio auctoris* gerichtet war. Es steht nicht mehr der Autor eines Textes und das, was er gemeint hat, im Vordergrund.

Die intertextuelle Lesart der klassischen Repräsentanten (Childs, Sanders, Dohmen, Hieke, Steins) zielt vielmehr auf die *intentio operis*. Ihr geht es darum, mittels der sprachlichen Konvention, derer sich ein Text bedient und die die Grundlage jeder Verständigung ist, einen Text wahrzunehmen. Das bedeutet, sowohl die Syntax als auch die Semantik eines Textes zu analysieren.

Der Text zeigt sich als Fixpunkt inmitten der variablen Pole des Kontextes wie der Leserschaft. Gerade deshalb verstehen die Vertreter der intertextuellen Exegese ihre Auslegungsweise als textzentriert.[117]

Die Synchronie der Texte wahrnehmen
Die Textauslegung ist durch einen weiteren Akzent geprägt, der sich durch die bestimmte Rolle des Kanons ergibt. Indem die „Endgestalt" der Texte als Ausgangspunkt der Auslegung fungiert und insofern man die Texte als Sinngefüge anerkennt, ergibt sich die Forderung, die Texte in ihrer Synchronität wahrzunehmen. Es geht darum, die Texte in ihrem Nacheinander, Ineinander, in ihrer Verwobenheit, Rückbezüglichkeit etc. zu sehen

---

117 Vgl. dazu z. B. Hieke, Th.: Die Genealogien der Genesis, 328.

und zu verstehen. Das heißt, die Texte synchron zu lesen bzw. die „gewaltige Synoptik der Bibel"[118] anzuerkennen, wie das Martin Buber treffend formuliert hat.

Das bedeutet nicht, diachrone Verfahren auszuschließen. Es geht vielmehr darum, sowohl synchrone als auch diachrone Betrachtungsweisen auf Texte anzuwenden und sie als einander ergänzende Zugänge zu verstehen.

Damit werden Intertextualitäten zwischen Texten des Kanons sichtbar gemacht. Wie oben schon deutlich wurde, gilt es hier, vom Nah-Kontext (dem AT bzw. NT) fortzuschreiten zum Großkontext der gesamten Heiligen Schrift, die Textbezüge nachzuvollziehen, die der Redaktor schon selbst im Text geltend gemacht hat (canon-conscious redactions) und die Bezüge deutlich zu machen, die sich aufgrund der Vorverständnisse eines Textes ergeben (hermeneutic constructs).[119] Insgesamt muss man sich aber bewusst halten – wie Frank-Lothar Hossfeld treffend konstatiert – nicht der Gefahr zu erliegen, zu abstrahieren, zu harmonisieren und zu enthistorisieren.[120]

3.3 Die Rolle des Lesers – Zur Verbindung von *intentio operis* und *intentio lectoris* in der intertextuellen Exegese

Gerade die Erkenntnisse der Rezeptionsästhetik, nach denen der Leser einen originären und fundamentalen Anteil an der Generierung von Textsinn hat, hat sich die intertextuelle Auslegung zunutze gemacht.

Der Beitrag der Rezeptionsästhetik
Die in der jüngeren Literaturwissenschaft entstandene und weit verzweigte Forschungsrichtung der Rezeptionsästhetik nimmt die Beziehungen von Text und Leser (Rezeption) näher in den

---

118 Vgl. Buber, M.: Zur Verdeutschung des letzten Bandes der Schrift, 3.
119 Vgl. Sheppard, G. T.: Canonization, 21.
120 Vgl. Hossfeld, F.-L.: Probleme einer ganzheitlichen Lektüre der Schrift, 276.

Blick. Sie konnte herausarbeiten, dass dem Leser eine sinnstiftende Funktion gegenüber dem Text zukommt. Der Text *wird* sozusagen erst durch den Leser. Er wird durch ihn lebendig, entsteht neu und wird so auch vom Kontext des Lesers bedingt und transformiert.[121]

Wendet man eine Unterscheidung Odo Marquards an, dann kann man sagen, dass sich die Rezeptionsästhetik als pluralisierende im Gegensatz zu einer singularisierenden Hermeneutik zu erkennen gibt.[122] Sie zielt nicht auf die eine Botschaft des Textes, sondern untersucht die vielen Blicke des Lesers auf den Text und damit die vielen Textgenerierungen.

In der intertextuellen Lesart wird der Analyse der Leserrolle unterschiedliches Gewicht beigemessen. Insgesamt lässt sich eine Vielzahl leserorientierter Zugänge ausmachen. Sie können unterteilt werden in eine konservative Richtung, bei der textzentrierte Zugänge dominieren, und eine radikale Richtung, die das Bemühen der Analyse allein auf die Sinngenerierungen der Leser/innen richtet.[123]

Nun fällt auf, dass die meisten Vertreter der intertextuellen Exegese die konservative Richtung leserorientierter Zugänge bevorzugen. Diese beschränkt sich darauf, die Semantik eines zu untersuchenden Textes innerhalb der Textwelt des Kanons zu rekonstruieren. Die Lebenswelt und somit die Leserwelt werden nicht näher beleuchtet. Diese Ansätze holen die Leserorientierung vielmehr über das so genannte Konzept des impliziten bzw. informierten Lesers bzw. des Modell-Lesers ein.

---

121 Aus den vielen Studien zur Rezeptionsästhetik seien exemplarisch genannt: Iser, W.: Der implizite Leser; ders.: Der Akt des Lesens; Jauß, H. R.: Literaturgeschichte als Provokation der Literaturwissenschaft, 126–162.
122 Vgl. Marquard, O.: Frage nach der Frage, auf die die Hermeneutik die Antwort ist, 117–147, bes. 129f.
123 Vgl. McKnight, E. V.: The Bible and the Reader; Powell, M. A.: Narrative Criticism, 11f.; Hieke, Th./Nicklas, T.: „Die Worte der Prophetie dieses Buches", 6, Anm. 7; Nicklas, T.: Leitfragen leserorientierter Exegese, 47.

Leserorientierung als Konzept des impliziten Lesers bzw.
des Modell-Lesers

Die Leserorientierung kann in verschiedener Weise verstanden und in die Auslegung von Texten eingeholt werden.

Die Frage nach möglichen Leserpositionen lässt insgesamt drei Möglichkeiten erkennen. Zunächst kann der Leser als Erstleser verstanden werden. Damit sind die Erstadressaten eines Textes gemeint. Bestimmt man die Leserposition in dieser Weise, ergeben sich dieselben Schwierigkeiten wie bei dem Versuch, die Verfasserintention eines Textes eruieren zu wollen. Es entsteht ein Vermittlungsproblem zwischen Vergangenheit und Gegenwart, also zwischen dem, was der Text den (Erst-)Lesern damals bedeutete und dem, was der Text heute bedeuten kann.

Zweitens kann die Leserposition mit den heutigen Leser/innen identifiziert werden. Steins argumentiert, dass hier eine ähnliche Gefahr wie bei der Erstleserposition drohe. Die Distanz zum Text, seine provozierende Kraft und die Chance seiner Fremdheit gehe verloren. Der Text werde absorbiert von der Gegenwartswelt der aktuellen Leser.

Deshalb favorisieren Steins und andere mit ihm eine dritte Rezipientenposition, nämlich die im Text implizite Leserrolle bzw. den Modell-Leser. Hier geht man davon aus, „zu dem Leserstandpunkt vorzudringen, den der Text – unabhängig von jeder konkreten Situation – allen Lesern vorschreibt."[124] Damit sollen intersubjektiv diskutierbare und damit auch überprüfbare Leserrekonstruktionen ermöglicht werden.

Dazu ist Folgendes festzuhalten: Es zeigt sich, dass bislang die Leserrolle auf den impliziten Leser bzw. Modell-Leser reduziert wurde. Die Frage wird aber sein, ob damit die Leserorientierung genügend ernst genommen wird. Auch wenn die entstehenden Sinnrekonstruktionen so methodisch geleitet vonstatten gehen, bleibt dennoch der jeweilige empirische Leser bislang ausgeblendet.

---

124 Steins, G.: Bindung Isaaks, 87f.; ders.: Kanonisch lesen, 57.

Darauf soll weiter unten noch näher eingegangen werden. Zunächst gilt es jedoch aufzuzeigen, wie die Rolle des impliziten Lesers bzw. Modell-Lesers genauer bestimmt wird.

Zum Profil des Modell-Lesers
Der Leser wird zum einen als derjenige gedacht, der Vermutungen über die *intentio operis* anstellt. Er versucht herauszufinden, was ein Text sagen will, und muss sich dazu mit dem Text beschäftigen.

Zum anderen produziert der Text selbst einen Modell-Leser (Eco). Das heißt, dass die *intentio operis* auf einen Leser treffen will, der die Botschaft des Textes auch verstehen kann. Ein Text fordert für sein Verstehen bestimmte Voraussetzungen ein. Wolfgang Iser veranschaulicht diesen Aspekt, wenn er den Text als Produzenten einer „strukturierten Hohlform" kennzeichnet, die vom Adressaten unterschiedlich gefüllt werden könne. Diese identifiziert Iser mit dem impliziten Leser.[125]

Dazu gehört z.B. bei biblischen Texten, dass ein Leser ein bestimmtes Vorwissen mitbringt, auch andere Texte kennt und aktivieren kann, die im Zusammenhang mit dem ausgewählten stehen. Dennoch bleibt offen, wie der Leser die *intentio operis* herausfindet und wie die Leserorientierung eingeholt wird.

Leserorientierung unter Ausschluss des empirischen Lesers
Fasst man all diese Überlegungen zusammen, so zeigt sich, dass die intertextuelle Exegese mit Leserorientierung das Konzept des immanenten Lesers bzw. des impliziten bzw. des Modell-Lesers aufruft. Leserorientierung in der intertextuellen Auslegung bedeutet insofern, die Möglichkeiten, Fähigkeiten und auch Begrenzungen eines Modell-Lesers mitzubedenken. Dazu gehört z.B. auch die Fähigkeit eines Modell-Lesers, beim Lesen eines bestimmten Textabschnittes andere Texte einzuspielen und den Text damit neu zu kontextualisieren.

---

125 Vgl. Iser, W.: Der Akt des Lesens, 61.

Zugleich wird deutlich, dass Leserorientierung in der intertextuellen Auslegung nicht auf die empirischen, aktuellen Leserinnen und Leser abzielt. Der aktuelle Leser und seine Lebenswelt bleiben außen vor. Hier kann eine bibeltheologische Didaktik eine Erweiterung bieten. Diese besteht darin, die *intentio lectoris* nicht nur auf die Fähigkeit des Modell-Lesers zu begrenzen, sondern darunter die „Beziehungen des Lesers zum Text" zu verstehen. Diese können geklärt werden, indem man das Vorwissen des Lesers zu eruieren versucht, seine entwicklungspsychologischen Verstehensvoraussetzungen, seine Erwartungen und Strategien und auch seine Lebenswelt und sein Lebenswissen einzubringen versteht.

Wurde so die Bedeutung des einzelnen Lesers für die Sinnstiftung eines Textes umschrieben, so hebt der folgende Abschnitt auf die besondere Bedeutung der vielen Leser bzw. der Auslegungsgemeinschaft ab. Insofern die biblischen Texte auch als heilige Schriften bestimmter Glaubensgemeinschaften gelten, ist die literaturtheoretische Sicht um eine theologische zu ergänzen.

3.4 Die Auslegungsgemeinschaft als konstitutive Größe des Auslegungsgeschehens

Die Größe „Auslegungsgemeinschaft" verdeutlicht bei der Auslegung eines Textes, dass ein Leser nicht nur durch die eigenen Leseakte einen Textsinn schafft. Diese sind vielmehr durch die Auslegungsgemeinschaft umfangen, so wie sie diese auch bedingen. Es wird nochmals deutlich, dass sich das Lesen eines Textes auch des Deutereservoirs der Tradition bedient und dieses verlebendigt und transformiert. Soweit reicht die literaturwissenschaftliche Erklärung der Bedeutung der Auslegungsgemeinschaft. Im Hinblick auf die Bibel als Heilige Schrift verschiedener Glaubensgemeinschaften ergibt sich aber noch ein weiterer wichtiger Gedanke.

Man kann diesen an einer Unterscheidung illustrieren, die Christoph Dohmen von Paul Feyerabend übernommen und in die Diskussion eingebracht hat. Er unterscheidet zwischen Beobachter- und Teilnehmerperspektive.[126] Während ein Beobachter sozusagen ohne ausgemachtes Eigeninteresse und eigene Verwobenheit einen Text liest und deutet, liest und deutet jemand, der der Auslegungsgemeinschaft, beispielsweise den christlichen Kirchen, angehört, einen Text immer schon von dieser Auslegungsgemeinschaft her und auf sie hin. Der Teilnehmer *handelt* sogar auch aus der Auslegungsgemeinschaft heraus. Der Beobachter dagegen geht an die Tradition von außen heran. Der Teilnehmer tut das von innen her. Er interessiert sich für eine Tradition, weil er wissen will, wie er handeln soll bzw. wie er sein Handeln rechtfertigen soll.

Die christlich-theologische Auslegungsgemeinschaft der biblischen Texte ist also nicht nur als Lesegemeinschaft bestimmt, sondern auch als Glaubensgemeinschaft. Die biblischen Schriften im christlichen Sinn zu lesen und zu deuten, heißt, sie in der Teilnehmerperspektive wahrzunehmen.

Die Glaubensgemeinschaft als besondere Form
der Auslegungsgemeinschaft
Vor allem James A. Sanders hat in seinen Arbeiten auf die Bedeutung der Glaubensgemeinschaft für die Entstehung und Tradition der Bibel hingewiesen.[127] Die Glaubensgemeinschaft ist es, die Texte hervorbringt, in späteren Generationen einer *relecture* unterzieht und damit ständig fortschreibt.

Umgekehrt gilt aber auch, worauf Karl Rahner schon in den 1950er Jahren hingewiesen hat, dass die als verbindlich erklärten Schriften, also der Kanon, „das Richtmaß der nachfolgenden Kirche"[128] sind. Der Kanon ist somit zum einen Ausdruck der ersten Kirche, zum anderen wird er zur Kriteriologie für die

---

126 Vgl. Dohmen, Ch.: Biblische Auslegung, 177; Feyerabend, P.: Erkenntnis für freie Menschen, 41.
127 Vgl. Sanders, J. A.: From sacred Story to sacred text.
128 Rahner, K.: Über die Schriftinterpretation, 54; vgl. dazu Rahner, J.: Kanonische und/oder kirchliche Schriftauslegung?, 411f.; dies.: Einführung in die katholische Dogmatik, 86f.

Kirche. Der Kanon gibt also der Kirche auch die Aufgabe auf zu fragen, ob sie sich im genügenden Maß an Christus und seinem Heilswerk ausrichtet.

Die konstitutive Bedeutung der Auslegungsgemeinschaft wird besonders deutlich, wenn man sich vor Augen führt, dass der eigentliche Unterschied zwischen Judentum und Christentum nicht zuerst in der unterschiedlichen Anzahl und dem unterschiedlichen Arrangement der heiligen Bücher besteht. Das Christentum legt vielmehr auch die vorhandenen und mit dem Judentum gemeinsamen Bücher anders aus, weil es diese vom Christusereignis her versteht. Der entscheidende Unterschied besteht also darin, dass der Grund und das Ziel für die christliche Auslegung anders beschrieben sind als im Judentum. Damit werden auch die Schriften des Alten Bundes in einer anderen Weise gelesen als das die Glaubensgemeinschaft der älteren Brüder und Schwestern tut.

Die Schriftinspiration und die Glaubensgemeinschaft
An der Bedeutung der Glaubensgemeinschaft als hermeneutische Größe hängt auch die Frage der Schriftinspiration, oder anders gesagt, die Frage, wie es denkbar ist, dass Menschenwort als Gottes Wort geglaubt werden kann.

In der Theologiegeschichte lassen sich drei Verstehensweisen ausfindig machen: Eine erste, die Theorie der Verbalinspiration, geht davon aus, dass Gott der Urheber (auctor) der Schrift und der Verfasser lediglich Instrument Gottes (scriptor) sei. Diese Theorie, die vor allem in fundamentalistischen Kreisen auch heute noch Resonanz findet, erfährt in der Theorie der Realinspiration eine erste Korrektur.

Die Realinspiration geht von der menschlichen Verfasserschaft aus und nimmt eine nachträgliche göttliche Bestätigung (*inspiratio subsequens*) an. Diese bewahrt die Schrift mittels des Heiligen Geistes vor Irrtümern.

Angesichts verschiedenster biblischer Aussagen, die sich als naturwissenschaftlich falsch herausgestellt haben (Monogenismus, Schöpfungsvorgang etc.) wurde im 20. Jh. die Theorie der

Personalinspiration entwickelt. Karl Rahner hat hierzu wegweisende Überlegungen vorgelegt,[129] die insbesondere von Pierre Grelot im Hinblick auf das AT weiterentwickelt wurden.[130] Rahner hatte darauf hingewiesen, dass die Auslegungsgemeinschaft – er ging von der Kirche aus – durch den Gebrauch der Schriften als heilige Schriften deren Inspiriertheit bezeugte. Noch radikaler als in der Theorie der Realinspiration hebt die Personalinspiration auf die menschlichen Verfasser ab und versteht sie als diejenigen, die das Glaubensbewusstsein einer Gemeinde repräsentieren. Inspiration ist also nicht mehr etwas, das sozusagen im Text ist, sondern etwas, das vor- und außerhalb des Textes liegt.

Der Prozess der Entstehung der Schriften wie deren „Verendgültigung" im Kanon ist ein Prozess, der innerhalb der Glaubensgemeinschaft stattfindet, ja von ihr provoziert wird. Das Phänomen der Inspiration beschreibt, dass eine Glaubensgemeinschaft ihre Glaubenserfahrungen in Schriften ausgedrückt findet. Zugleich aber gilt, dass diese für kanonisch erklärten Schriften dann auch die künftigen Glaubenserfahrungen einer Glaubensgemeinschaft beeinflussen. Die Rezeption der Schriften ist so Zeichen und Erweis von deren Inspiration. Insgesamt gehören von daher Rezeption, Inspiration und Kanonisierung untrennbar zusammen. In der biblischen Auslegung muss deshalb auch die Glaubensgemeinschaft als auslegende Größe berücksichtigt werden.

Wurden bisher die verschiedenen Faktoren der Auslegung beschrieben, geht es im Folgenden darum zu beleuchten, wie Texte ausgelegt werden.

---

129 Vgl. Rahner, K.: Über die Schriftinspiration.
130 Vgl. Grelot, P.: Zehn Überlegungen zur Schriftinspiration, 563–579.

4. Zum Auslegungsprozess

Angesichts der rezeptionsästhetischen Überlegungen stellt sich die Frage, welche Möglichkeiten, aber auch welche Grenzen der Interpretation es gibt und welche Grundsätze sich somit aufstellen lassen.

4.1 Grundsätze der Interpretation

Das Prinzip der Einheit
Umberto Eco führt drei Grundsätze der Interpretation an. Der eine findet sich schon bei Augustinus in *De doctrina christiana*. Eco verweist auf das Prinzip der Einheit als Kriterium für die Textinterpretation. Das heißt, dass eine gefundene Interpretation nur dann Plausibilität beanspruchen könne, wenn sie von einer anderen vom Text her legitimierten Interpretation bestätigt werde bzw. wenn sie ihr zumindest nicht widerspreche.

Auch wenn die Rezipienten an der Sinnproduktion eines Textes mitwirken, so dass die Sinnfindung ein offener und grundsätzlich unabschließbarer Prozess ist, so ist diese Unendlichkeit dennoch nicht mit Beliebigkeit zu verwechseln. Umberto Eco spricht in diesem Zusammenhang vom „offenen Kunstwerk". Damit meint er, dass ein Text zwar grundsätzlich unendlich viele Interpretationen anregen kann (unendliche Semiose), dass diese aber immer an den Text gebunden und damit nicht beliebig sind.[131] Der Leser wird zum Mitproduzenten des Textes. Diese Ko-Produktion aber vollzieht sich lediglich in dem Rahmen, den der Text vorgibt.

Der Unterschied von Benutzen und Interpretieren
Damit ist schon ein anderer Grundsatz der Interpretation angesprochen, der unmittelbar mit dem ersten zu tun hat. Eco ver-

---

131 Vgl. Eco, U.: Die Grenzen der Interpretation, 48. 144f.; ders.: Zwischen Autor und Text, 73.

deutlicht ihn mittels der Unterscheidung zwischen dem Benutzen und dem Interpretieren eines Textes. Einen Text zu benutzen meint, nur Einzelstücke des Textes zu nehmen und daraus Sinn- und Handlungsperspektiven zu entwerfen, sie also auf außertextliche Faktoren zu beziehen. Einen Text zu interpretieren bedeutet dagegen, die unterschiedlichen Momente und Facetten des Textes in *einen* Sinnzusammenhang zu bringen. Bei der Interpretation eines Textes wird also das Prinzip der Einheit geachtet, beim Benutzen eines Textes nicht.

Dabei darf das Benutzen eines Textes nicht von vornherein mit der Fehlinterpretation eines Textes gleichgesetzt werden. Insgesamt, so konzediert Eco, wird das Umgehen mit Texten immer eine Mischung aus Interpretation und Benutzen sein. Einen Text fehl zu interpretieren heißt, eine Interpretation vorzulegen, die durch das Gesamt des Textes nicht gehalten werden kann bzw. der *intentio operis* entgegenläuft. Der Text ist die Autorität, von der her sich die Richtigkeit oder auch die Falschheit der Interpretationen entscheidet.[132]

Die Bedeutung der Enzyklopädie berücksichtigen
Schließlich weist Eco darauf hin, dass sich der Dialog nicht nur zwischen dem Text und dem Leser bewegt, sondern auch die „kulturelle Enzyklopädie" aufruft. Eco versteht darunter das Weltwissen einer Kultur, das sowohl den Text konstituiert und den Leser prägt als auch die Interpretation beeinflusst.[133] Es muss beim Auslegungsgeschehen zu Rate gezogen werden, insofern die Textwelt durch sie aufgehellt wie auch die Leserwelt durch sie pointiert wird.

Gerade bei der Auslegung der Bibel spielt das Phänomen der kulturellen Enzyklopädie eine große Rolle. Hier gilt es, die Weltsicht, die der Text voraussetzt, zu rekonstruieren, die früheren Auslegungen des Textes zu berücksichtigen und in den Interpretationsprozess einzuspielen.

---

132 Vgl. Eco, U.: Die Grenzen der Interpretation, 51; ders.: Lector in Fabula, 71.
133 Vgl. Eco, U.: Zwischen Autor und Text, 154; ders.: Lector in fabula, 94–106.

Es genügt also nicht, die lexikalische Bedeutung der Worte zu wissen, die einen Text bilden. Es muss auch nach dem „Weltwissen" gefragt werden, das ein Text anklingen lässt. Biblische Texte setzen eine bestimmte Enzyklopädie voraus. Zugleich tragen sie aber auch dazu bei, diese Enzyklopädie beim Leser zu formen.

4.2 Zur Frage der Verbindlichkeit der Auslegung

Insgesamt stellt sich angesichts der Erkenntnisse der Rezeptionsästhetik (Sinngenerierung durch den Leser und damit die Verwiesenheit von Texten auf die subjektiven Interpretationsleistungen) und der anderen konstitutiven Faktoren der intertextuellen Exegese (Intertextualität, Kanon, Endgestalt des Textes, Auslegungsgemeinschaft) die Frage, inwieweit einer Auslegung Verbindlichkeit zukommt.

Wendet man die oben genannten Grundsätze der Interpretation an und reflektiert man auf die Bedingungen der intertextuellen Auslegung, dann sind zwei grundlegende Ebenen zu berücksichtigen: Diejenige der Repräsentanz einer Auslegung und diejenige ihrer Relevanz. Dass eine Auslegung repräsentativ ist, misst sich am Text selbst und der Wirkungsgeschichte, die er in der Auslegungsgemeinschaft hatte und hat. Bei den biblischen Texten konkretisiert sich die Auslegungsgemeinschaft u.a. in der Glaubensgemeinschaft, zu der ein Text gehört.

Die Relevanz einer Auslegung zeigt sich an ihrer Bedeutung für das Leben der Auslegenden und für das Handeln, also die Praxis. Im Folgenden gilt es, diese Dimensionen noch näher zu beschreiben.

Der Text als Messschnur
Die Grundsätze der Interpretation nach Eco zielen vor allem auf die Ebene des Textes. Jede Deutung muss sich am Text selbst messen lassen. Texte produzieren zwar unendlich viele Semiosen, diese aber sind wieder an den Text zurückgekoppelt. Ob eine Deutung einem Text entgegenläuft, muss sich am Text selbst

beweisen. Das Prinzip der Einheit eines Textes, die Unterscheidung von Benutzen und Interpretieren nach Eco und die Berücksichtigung der Enzyklopädie eines Textes tragen dazu bei, Interpretationen vom Text her zu gewinnen und in dem Horizont zu verorten, den der Text selbst mit beschreibt.

Zugleich muss die Interpretation aber auch der Ebene der Auslegungsgemeinschaft bzw. hier der Glaubensgemeinschaft Rechnung tragen.

Subjektive Deutungen und Auslegungsgemeinschaft
Durch die Studien der Rezeptionsästhetik ist unhintergehbar gezeigt worden, dass die subjektiven Sinnstiftungen im Sinne einer Koproduktion des Textes zu verstehen sind. Jede Deutung eines Textes aktualisiert diesen und verhilft ihm sozusagen erst dazu, lebendig zu werden.

Dieser grundlegende Faktor der Textauslegung ist aber mit einem anderen zu verknüpfen. Das eigene, subjektive Lesen und Deuten eines Textes muss sich zurückbinden lassen an die Verständigungs- bzw. Auslegungsgemeinschaft. Erst indem die eigenen Deutungen von anderen angefragt, weitergedacht, korrigiert oder auch bestätigt werden, erst wenn Deutungen miteinander ausgetauscht werden, kann Verständigung stattfinden. Subjektive Deutungen erfahren in der intersubjektiven Kommunikation einen Ermöglichungsraum, aber auch eine Grenze.

Bei der Interpretation biblischer Texte ist diese Auslegungsgemeinschaft nochmals durch die jeweilige Glaubensgemeinschaft bestimmt, in der ein Text als heilige Schrift gilt. Auch ihre Prinzipien, Auslegungsweisen und -traditionen sind als Horizont zu berücksichtigen, in dem sich eine Auslegung beweisen und erweisen muss. Das bedeutet zum einen, dass die subjektiven Auslegungen die Tradition einer Glaubensgemeinschaft mitbestimmen. Das heißt zum anderen, dass die Tradition einer Glaubensgemeinschaft den subjektiven Auslegungen Raum, Grenze, Stimulus, Korrektur oder auch Bestärkung ist.

Für die Auslegung der biblischen Texte als heilige Schriften der Christen ergibt sich noch eine weitere Besonderheit. So wie die biblischen Texte insgesamt ihre Mitte in der Gottesrede finden, so zeigt sich für eine christliche Auslegung, dass sich diese Mitte in Jesus Christus selbst konkretisiert. Er „bestimmt" und orientiert die Gottesrede unhintergehbar. Obwohl also der Kanon einerseits und die Textgenerierungen der Leser andererseits Raum geben für unendlich viele Intertextualitäten, finden diese ihren orientierenden Sinn im Christusereignis.

Die Relevanz der Auslegung
Auslegungen gelten dann als relevant, wenn sie für das Leben der auslegenden Subjekte Geltung beanspruchen können. Gerade jüngere bibeldidaktische Studien haben sich mit der Frage beschäftigt, wie biblische Texte bei Schüler/innen wirken.[134]

Auslegungen müssen im Lebenskontext der auslegenden Subjekte situiert sein. Das hat etwas zu tun mit deren entwicklungspsychologischer Verfasstheit, mit dem kognitiven Fassungsvermögen, dem kulturellen Milieu, der Sozialisation und bei biblischen Texten eben auch mit der Verfügbarkeit oder Nicht-Verfügbarkeit theologischer Enzyklopädie(n), sprich dem theologischen bzw. biblischen Vorwissen und der Zugehörigkeit oder Nicht-Zugehörigkeit zur Glaubensgemeinschaft.

Daraus ergibt sich zum einen die Forderung, dass sich Auslegungen anderer oder auch einer Auslegungsgemeinschaft so zu erkennen geben müssen, dass sie im jeweiligen Lebenskontext verstehbar werden (Forderung der Elementarisierung). Zum anderen bedeutet das, dass beispielsweise Auslegungen von Kindern in deren Lebenswelt sehr wohl Plausibilität beanspruchen können und nicht als illegitim abgetan werden dürfen, weil sie einer bibelwissenschaftlichen Auslegung eines Textes widersprechen (Forderung der Anerkenntnis, dass die religiösen Artikulationen der Subjekte des Glaubens theologische Dignität beanspruchen).

---

134 Vgl. dazu z.B. die Arbeiten von Bucher, A.A.: Gleichnisse verstehen lernen; ders.: Verstehen postmoderne Kinder die Bibel anders?, 135–147; Bee-Schroedter, H.: Neutestamentliche Wundergeschichten; Fricke, M.: „Schwierige" Bibeltexte im Religionsunterricht; Theis, J.: Biblische Texte verstehen lernen.

Insgesamt wirft dieser Zusammenhang aber auch Licht auf die konstitutive Bedeutung des Lesers der biblischen Texte. Die Rückbindung einer Auslegung an die Lebenswelt der Subjekte zeigt auf, dass die Bibel als Weg des Heils konstitutiv auf das gläubige Verstehen der Leser und die Verortung in deren Lebenswelt angewiesen ist. Auch wenn das nicht im Sinne der *causa prinicipalis* zu verstehen ist, also der wirkursächlichen und „grundlosen" Ursache – denn diese kommt nur Gott zu – so wird doch offensichtlich, dass der Leser als *causa instrumentalis* in den Blick kommt.[135] Gott hat es so gewollt, dass sein Wort des Heils dort zur Fülle kommt, wo der Mensch es gläubig annimmt. Von daher ergibt sich auch der nächste Schritt: Die Verbindlichkeit einer Auslegung biblischer Texte zielt auf die Praxis, und zwar auf eine die Welt in Richtung Gottes verwandelnde Praxis.

Die Praxis als Messschnur der Auslegung
Die Ebene der Relevanz einer Auslegung wird durch die Praxis definiert. Eine Auslegung kann dann als relevant gelten, wenn sie sich in der Praxis ausdrückt und als tragfähig erweist.

Der Praxis kommt von daher sowohl der Charakter einer Bewahrheitung zu als auch der Charakter, Auslegungen zu verwirklichen, d. h. sie Wirklichkeit werden zu lassen. Gerade die Sprechakttheorie (John L. Austin, John Searle und ihre Weiterentwicklungen) hat hier viele Überlegungen eingebracht. Sprechen ist auch Handeln. Und Handeln wird zum Erweis des Sprechens.

Damit zeigt sich, dass die Frage nach der Verbindlichkeit einer Auslegung den semiotischen Ansatz überschreitet. Die Zuschreibungen, die das Subjekt zwischen dem Bezeichneten (Signifikat) und dem Bezeichnenden (Signifikant) leistet, müssen sich auf der Ebene der Praxis be- und erweisen.

Obwohl im Bereich der Semiotik die Zuschreibungen als unendliche Semiose gedacht werden können, die freilich nicht willkürlich ist (der Text als Richtschnur, die Auslegungsgemein-

---

135 Vgl. dazu auch Körtner, U. H. J.: Lector in Biblia, 231–233.

schaft und ihre Tradition als Richtschnur), so wird diese unendliche Semiose bei der Frage nach der Verbindlichkeit des Textes durch die Praxis eingeschränkt.

Weil eine intertextuelle Auslegung biblischer Texte auch im Rahmen einer bestimmten Glaubensgemeinschaft zu einem bestimmten Handeln anstiften will, erweist sich diese Praxis auch als einschränkendes Moment der Auslegung.

Zusammenfassend heißt das: Ob eine Auslegung Verbindlichkeit beanspruchen kann, ist u. a. anhand ihrer Repräsentanz und Relevanz zu prüfen. Die Ebene des Textes, der Auslegungsgemeinschaft, der Lebenswelt der Subjekte und die Praxis fungieren als Faktoren, an denen sich eine Auslegung messen lassen muss. Diese Faktoren markieren damit auch die Grenzen der Auslegung.

5. Schritte einer intertextuellen Auslegung – Zusammenfassung

Versucht man abschließend, die einzelnen Momente einer intertextuellen Auslegung zusammenzufassen, so lassen sich aus den bisherigen Überlegungen folgende Prinzipien ausmachen:

1. Die Begegnung von Text und Rezipient eröffnet vielschichtige Rezeptionsmöglichkeiten, die grundsätzlich unendlich, wenn auch nicht beliebig sind.
2. Der Kanon kommt als Voraussetzung und Moment der Rezeption zur Geltung (s. auch Bedeutung der Enzyklopädie des biblischen Textes).
3. Das bedeutet schließlich, dass das Moment der Intertextualität aufgrund der besonderen Bedeutung des Kanons einzuholen ist. Das heißt konkret, dass im so genannten Hypertext (der konkret auszulegende Text) der anwesende Hypotext (der Text, der vom Hypertext angespielt wird, der latent anwesend ist)[136]

---

136 Vgl. Steins, G.: Kanonisch lesen, 59; vgl. dazu auch Steins, G.: Bindung Isaaks, 99f.

identifiziert werden muss. Diese Präsenz gilt es für die Auslegung fruchtbar zu machen, wenn sich zeigt, dass der Hypotext zu einem Bedeutungszuwachs des Einzeltextes beiträgt.

Die Frage ist, wie solche Hypotexte auszumachen sind. Hier können die Kriterien von G.T. Sheppard hilfreich sein, die Bezüge, die der Redaktor selbst schon eingespielt hat, geltend zu machen (kanonbewusste Reaktionen) und die „hermeneutischen Konstruktionen" nachzuvollziehen. Das heißt, die Vorverständnisse zu klären, die einen Text prägen.

Georg Steins hat nun auf Faktoren hingewiesen, die helfen, die „hermeneutischen Konstruktionen" herauszufiltern. Eine Möglichkeit ist, auf Ähnlichkeiten zu achten. Diese können über Stichwortbezüge und Relationen zu Schlüsseltexten erfolgen bzw. über Signalmetaphern/Typologien/Paradigmen (Sintflut, Exodus u.a.) oder auch über Signalwörter wie z.B. die Bundesformel. Eine zweite Möglichkeit ist es, sich die Position eines Hypertextes zu vergegenwärtigen. Wo findet er sich im Kanon, im AT oder im NT, zu welchem Buch gehört ein Einzeltext und in welchem Teil eines Buches befindet er sich?[137] Die Schöpfungserzählungen in Gen 1 und Gen 2 beispielsweise oder auch die Schlussformel der Offb[138] erfüllen allein durch ihre Position im Kanon eine bestimmte Funktion. Sie stellen das nachfolgend Gesagte bzw. das vorher Gelesene in einen bestimmten Kontext. Und auch diese Lesesteuerungen gilt es bei der intertextuellen Auslegung zu berücksichtigen.

4. Schließlich ist die Praxis der Rahmen und auch der Raum, in dem sich eine Auslegung bewahrheitet. Das heißt, dass bei einer Auslegung auch bedacht werden muss, inwiefern sie für die Auslegenden relevant ist.

---

137 Vgl. Steins, G.: Kanonisch lesen, 59.
138 Vgl. Hieke, Th./Nicklas, T.: „Die Worte der Prophetie dieses Buches".

Aus diesen Prinzipien lassen sich Schritte herausschälen, die das Auslegungsverfahren in Bezug auf die Ebene des Textes und die Auslegungsgemeinschaft konkretisieren. Diese sind:

- Strukturanalyse des Einzeltextes leisten (Syntax und Semantik, Rhetorik/rhetorische Mittel und Stilistik klären).
- Einspielungen des Nah-Kontextes wahrnehmen. Das heißt zunächst des AT oder NT, je nachdem, in welchem Kanonteil der Text zu finden ist. Die Vorverständnisse, die dadurch an einen Text herangetragen werden, müssen geklärt werden (hermeneutische Konstruktionen). Die so genannten Lesesteuerungen helfen, diese Einspielungen zu erkennen (Ähnlichkeiten ausmachen, Position im Kanon bedenken, Signalwörter und Signalparadigmen etc.).
- Die Kanon-Einspielungen, die der Redaktor vorgenommen hat, eruieren. Diese beziehen sich zuerst auf den Nah- und dann auf den Großkontext.
- Die Wirkungsgeschichte innerhalb der Auslegungsgemeinschaft einholen und mit dem Text konfrontieren und umgekehrt. Hiermit gilt es, eine multiperspektivische Hermeneutik zu beachten. Das heißt, dass die unterschiedlichen Auslegungsgemeinschaften zum Tragen kommen müssen (die christlichen Kirchen z.B., beim AT auch die jüdische Auslegung).
- Eine Gesamtinterpretation des Textes leisten. Kriterien hierfür sind: 1. Die Einheit des Textes berücksichtigen. 2. Unterscheiden, ob der Text benutzt oder interpretiert wird. 3. Die Enzyklopädie des Textes berücksichtigen.
- Die Relevanz einer Auslegung für die Ausleger abfragen. Das bedeutet, die Praxis als Rahmen und Raum der Auslegung geltend zu machen.

Das Ziel der intertextuellen Auslegung liegt darin, die Texte für heute zu erinnern. Es geht darum, die biblischen Texte als „Lebensbuch und Glaubensbuch" auch für heute zu entdecken und fruchtbar werden zu lassen für das konkrete Handeln, also die Praxis.

6. Zur Kritik der intertextuellen Exegese – Einige Akzente

6.1 Wird die Vielperspektivität der Schriften genügend berücksichtigt? – Gegen die Gefahr der Uniformierung der Schrift

Einer der gewichtigsten Einwände gegen den intertextuellen Ansatz ist derjenige, dass die vielen und vielfältigen Zugänge zum Text auf diejenige Interpretation reduziert werden, die auf die Einheit des Kanons zielt.

Mit anderen Worten: Die intertextuelle Auslegung steht in der Gefahr, die Texte schon immer unter *einem* Blickpunkt versammelt zu wissen und sie allein von daher zu interpretieren. Frank-Lothar Hossfeld hat das mit dem Bild der Vogelschau ausgedrückt. Er gibt zu bedenken: „Die ganzheitliche Sicht dämpft die Probleme an der Textbasis ab bzw. verschluckt sie und hebt ab zu einer Wahrnehmung aus der Vogelschau."[139] Die Brüche und Spannungen eines Textes geraten so zu leicht und zu schnell aus dem Blick.

Dieses Manko wird noch in einem weiteren Sinn verschärft. Konnte die historisch-kritische Exegese die biblischen Schriften auch als Literatur verstehen, die mit literaturwissenschaftlichen Methoden bearbeitet werden kann und damit „offen" ist bezüglich ihres Ergebnisses, steht die intertextuelle Auslegung in der Gefahr, die Schriften ausschließlich und allein als Heilige Schriften zu verstehen, die immer schon von einem bestimmten Theologieverständnis geprägt sind.

Die Kritik, um nochmals genauer zu differenzieren, richtet sich nicht dagegen, die Schriften *auch* als Heilige Schriften zu verstehen – das ist ebenso das Anliegen der historisch-kritischen Exegese –, sondern sie von vornherein in einer bestimmten theologischen Absicht zu interpretieren, die im schlechtesten Fall das Gewordensein der Texte aus einem eng begrenzten theologischen Blickwinkel auslegt und verabsolutiert.

---

139 Hossfeld, F.-L.: Probleme einer ganzheitlichen Lektüre der Schrift, 270.

Hier würde sich ein hermeneutischer Zirkel ereignen. Ein Theologieverständnis richtet die „Zusammenschau der Schriften" unter einem bestimmten Blickwinkel aus und wird ebenso durch die Auslegung der Schriften bekräftigt.

Die intertextuelle Auslegung muss also sehr wohl darum bemüht sein, die Vielstimmigkeit des Kanons zu Wort kommen zu lassen. Das muss auch bei der Interpretation des Endtextes der Fall sein. Der Endtext darf nicht im Sinne eines Ergebnisses einer vereinheitlichenden Theologie verstanden werden. Es gilt vielmehr, aufmerksam zu sein für das vielgestaltige Traditionsgut, das in der Endgestalt des Textes zu finden ist. Die Vielgestaltigkeit der Tradition ist schließlich lebendiges Zeugnis für die Vielgestaltigkeit der Lebensvorgänge, die mittels der Tradition transportiert werden. Indem sie das beachtet, kann die intertextuelle Auslegung dem Vorwurf begegnen, sie enthistorisiere die Texte.[140]

6.2 Der Leser: gewürdigt und dennoch vernachlässigt – Zur Erweiterungsbedürftigkeit der intertextuellen Exegese

Ist man an einer Antwort auf die Frage interessiert, wie die Beziehung von Leser und Text innerhalb des Auslegungsprozesses zu verstehen ist, dann bleibt die intertextuelle Auslegung trotz der leserorientierten Ausrichtung bislang eine Antwort schuldig. Die Bedeutung des Lesers als Sinnstifter des Textes wird einerseits zwar anerkannt, bei der Interpretation des Textes aber kommt sie nur in sehr ausgewählter Weise zum Tragen. Es geht lediglich darum, die Leseleistung des Lesers als Vermögen ins Spiel zu bringen, Verweistexte aus dem übrigen Kanon bei der Lektüre eines einzelnen Textes einspielen zu können.[141] Damit

---

140 Vgl. Gese, H.: Der auszulegende Text, 258–260; Steins, G.: Bindung Isaaks, 234; vgl. auch Hossfeld, F.-L.: Probleme einer ganzheitlichen Lektüre der Schrift, 276, der die Einwände gegen eine „ganzheitliche Interpretation" folgendermaßen zusammenfasst: „Sie abstrahiert, sie harmonisiert, sie enthistorisiert."
141 Vgl. dazu z. B. Hieke, Th./Nicklas, T.: „Die Worte der Prophetie dieses Buches", 14. 106–108.

wird die Welt des Lesers reduziert auf dessen „Lesewelt" der biblischen Texte. Dessen „Lebenswelt" bleibt aber ausgespart. Die intertextuelle Auslegung reduziert damit die Leserorientierung auf die Leistungen des Modell-Lesers. Was der aktuelle, empirische Leser einbringt und an Sinnstiftungen vornimmt, wird nicht bedacht.[142] Von daher kann man sagen, dass die intertextuelle Auslegung den Leser zugunsten des Textes hintanstellt. Die Intention des Textes aber wird allein mit Hilfe der sprachlichen Konvention eruiert.

Versteht man jedoch biblisches Lernen als subjektorientiertes Geschehen, dann muss im Auslegungsprozess der Leser zur Geltung kommen, und zwar nicht nur indem er anerkannt, sondern auch indem er in seinem sinnstiftenden Charakter eingeholt wird. Es geht nicht nur darum, die Fähigkeit eines Lesers ernst zu nehmen, „Verweistexte des Kanons" entsprechend einzuspielen und damit einen Modell-Leser zu entwerfen. Die Lesetätigkeit des Lesers bewirkt ein gänzliches Neulesen und Verorten eines Textes. Es geht darum, auch die *Lebenswelt* des Lesers und damit den aktuellen, empirischen Leser als Resonanz-, Interpretations- und Aktualisierungsraum eines Textes anzuerkennen und in das Auslegungsgeschehen der biblischen Texte einzubringen. Die intertextuelle Auslegung müsste deshalb an diesem Punkt erweitert werden.

Damit ist freilich eine bibeltheologische Didaktik vor eine große Aufgabe gestellt. Die Lebenswelt des empirischen Lesers in ihrer Gänze einzuholen, ohne das Verfahren beliebig werden zu lassen, ist ein schier unmögliches Unterfangen. Mein Vorschlag zielt deshalb darauf, den Leser und seine Welt näher zu bestimmen und einzugrenzen. Dazu gehört, die postmoderne Lebenswelt als Rahmen und Raum des Lesers ernst zu nehmen. Außerdem muss das Lebenswissen des Lesers, also seine Enzyklopädie in das Auslegungsverfahren einfließen. Ferner gilt es wahrzunehmen, dass der Einzelleser stets Teil einer Verstehergemein-

---

142 Vgl. Dohmen, Ch.: Die Bibel und ihre Auslegung, 102. 108; vgl. Steins, G.: Kanonisch lesen, 57.

schaft ist und auch deren Wissen im Auslegungsgeschehen zur Geltung kommt.

Das wohl Wichtigste aber ist, die Leserorientierung genauer zu differenzieren bzw. zu weiten. In den klassischen exegetischen Ansätzen der intertextuellen Lesart repräsentierte allein der Modell-Leser die Leserorientierung im Auslegungsgeschehen. Die bibeltheologische Didaktik integriert zwar diesen Gedanken, modifiziert ihn aber in zweierlei Hinsicht.

Zum einen wird der Modell-Leser im Konzept der bibeltheologischen Didaktik als Größe der Textwelt und ihr zugehörig verstanden (anknüpfend an Umberto Eco) und nicht als Größe der „Leserwelt". Denn der Text bringt den Modell-Leser hervor. Damit geht die bibeltheologische Didaktik über das Verständnis des Modell-Lesers in exegetischen Ansätzen hinaus.

Zum anderen deutet die bibeltheologische Didaktik die Leserorientierung als Interesse am empirischen Leser, näherhin an dessen Beziehungen zum Text. Das bedeutet für das Auslegungsgeschehen, die Verstehensvoraussetzungen des Lesers zu klären, dessen entwicklungspsychologische Voraussetzungen zu bestimmen, dessen Vorwissen und religiöse (Nicht-)Sozialisation sowie dessen Erwartungen und Ziele an den Text. Wie die Studien von Joachim Theis gezeigt haben, hängt daran Entscheidendes für das Verstehen eines Textes.[143]

Mithilfe dieser Parameter kann der empirische Leser als Subjekt des Auslegungsgeschehens zum Tragen kommen, wenn auch (nur) in einer bestimmten Hinsicht, nämlich insofern die Rekonstruktionen des Lesers in Bezug auf den Text geltend werden. Die Komplexität wird damit zwar perspektiviert, aber nicht aufgelöst. Der Leser kann auf diese Weise deutlicher im Auslegungsgeschehen gewichtet werden als zuvor bei den klassischen Vertretern der intertextuellen Auslegung.

Insgesamt zeigt sich, dass ein Auslegungsprozess sowohl die „Welt des Textes" als auch die „Welt des Lesers" angemessen ins Spiel bringen müsste.

---

143 Vgl. Theis, J.: Biblische Texte verstehen lernen, 246. 248.

4. Kapitel: Das Konzept der bibeltheologischen Didaktik

1. Die „Welt des Textes" und die „Welt des Lesers" zueinander sprechen lassen

Die bibeltheologische Didaktik will sowohl die „Welt des Textes" als auch die „Welt des Lesers" zum Sprechen bringen. Es geht um diese Wechselbeziehung und die Bewegungen, die durch die Begegnung von Text und Leser ausgelöst werden.

Die Frage ist freilich, was unter der „Welt des Textes" und der „Welt des Lesers" gemeint ist und wie sie zu sprechen beginnen. Außerdem gilt es herauszufinden, wie die Bewegungen zwischen beiden nicht ungehört verklingen.

1.1 Der Text und die „Welt des Textes"

Beim biblischen Lernen geht es um die Begegnung von Leser/innen mit einem biblischen Text. Dieser Text liegt in schriftlicher Form vor und scheint auf den ersten Blick sehr leicht greifbar und damit auch begreifbar zu sein. Nähert man sich ihm, so zeigt sich schnell, dass der Textsinn nicht einfach mit der Reihenfolge der geschriebenen Buchstaben gleichzusetzen ist, sondern gleichsam eine ganze Welt umfasst. Diese ist unendlich weit, wenn auch nicht beliebig. Sie entsteht durch den Text, wird durch den Text bedingt, prägt ihn aber wiederum auch.

Die „Welt des Textes" – Text und Textrekonstruktionen durch den Leser
Will man also dem Text begegnen und nach seinem Sinn fragen, so heißt das, einer Vielzahl von Sinngestalten eines Textes zu

begegnen, die gleichsam eine ganze „Welt des Textes" ausmachen. Diese „Welt des Textes" besteht nicht an sich oder für sich. Sie tut sich gleichsam von zwei Seiten her auf. Einmal von Seiten des geschriebenen Textes und einmal von Seiten des Lesers und Verstehers, der einen Text liest bzw. versteht. Ist die Seite des Textes im Sinne des geschriebenen, also physischen Textes bei der Bibel relativ klar umrissen, so ist näher zu fragen, inwiefern der Leser bzw. Versteher eine Größe der Textwelt ist.

Damit ist Folgendes gemeint: Texte ohne Leser sind bedeutungslos. Die Öffnung auf den Leser hin ist für Texte konstitutiv. Für das biblische Lernen ist genau diese Beziehung ausschlaggebend. Dies muss in zweierlei Hinsicht verstanden werden:

1. Der Textsinn zeigt sich als Rekonstruktionsleistung des Lesers. Der Text begibt sich also in eine Abhängigkeit zum Leser. Das biblische Wort, das für Gläubige das Wort Gottes ist, will vom Leser wahrgenommen, befragt, gelebt werden. Der Text bliebe toter Buchstabe, wenn es nicht zur Begegnung mit dem Leser käme.

Diese Abhängigkeit gilt nicht nur in einem literaturtheoretischen Sinn. Hier wird vielmehr die Ungeheuerlichkeit unseres Gottes deutlich. Gott selbst entäußert sich so sehr, er wagt die äußerste Kenosis in einem Maße, dass er sich in eine „Abhängigkeit zum Menschen" begibt. Das Wort Gottes „entleert sich" (Kenosis, vgl. Phil 2,6–11) und will durch den Menschen gesagt werden. Das geschieht nicht, weil Gott das müsste, weil er ohne diese Beziehung zum Menschen nicht leben könnte. Die Kenosis Gottes entspringt vielmehr seiner Liebe, in der er sich frei verschenkt, frei gibt und es damit auch den Menschen frei lässt, sich auf ihn einzulassen oder nicht.

2. Damit ist aber noch nicht alles gesagt. Es ist auch noch die umgekehrte Richtung zu bedenken. Das Wort Gottes ist bleibend Wort Gottes. Das heißt, dass es auch eine Abhängigkeit des Lesers vom Text gibt. Theologisch ist hier von der Unableitbarkeit des Wortes Gottes zu reden. Der Dialog, der zwischen Text und Leser, zwischen dem Wort Gottes und dem Hörer stattfindet, ist ein von Gott her eröffneter. Literaturtheoretisch zeigt sich das

darin, dass der Text aufgrund seiner Strategien einen bestimmten Leser konzipiert. In der intertextuellen Auslegung wird hier vom Modell-Leser bzw. vom impliziten oder auch informierten Leser gesprochen. Nur wer z.B. die Leerstellen, die ein Text auftut, erkennt, kann tiefere Zusammenhänge ausfindig machen.

Ein Beispiel dafür ist die Begegnung Maria Magdalenas mit dem Auferstandenen (Joh 20,1.11–18). Erst das zweimalige Umwenden, das vom Text her völlig unvermittelt und grundlos erzählt wird, ist die Voraussetzung für die erkennende Anrede: „Rabbuni, das heißt Meister." Damit aber ist gesagt, dass auch der Text, das Wort Gottes, den Leser formt, ja gleichsam provoziert. Das Wort Gottes ist Anruf an den Menschen und dieser Anruf ruft den Hörer auf den Plan. Wie sich der Hörer zu diesem Anruf verhält, liegt freilich in seiner freien Entscheidung.

Diese Überlegungen haben entscheidende Konsequenzen für biblisches Lernen: Erstens: Gott hat sich schon immer in das Wort der Schrift „entleert". Das bedeutet, dass das Wort der Schrift ihn „atmet", von ihm her angetönt ist und seiner Stimme Ausdruck verleiht. Das entlastet biblisches Lernen. Auch ohne vorgängige Leistung des Menschen hat Gott dem Menschen sein Wort gegeben. Zugleich aber bedeutet die Kenosis Gottes zweitens, dass Gottes Wort darauf angewiesen ist – und zwar weil Gott das so will und nicht weil er muss –, dass der Mensch dieses an ihn gerichtete Wort aufnimmt, dass er es hört und dass er mit ihm umgeht. Das Wort Gottes „braucht" damit das Gehörtwerden des Menschen, damit die von Gott begonnene Beziehung auch wirklich Begegnung wird. Das geschieht nicht aus einer Abhängigkeit Gottes vom Menschen, sondern entspringt seiner Freiheit und seiner Liebe.

Die „Welt des Textes" kann also in einem ersten Schritt durch folgende Größen beschrieben werden: Sie besteht aus dem physischen Text und den Rekonstruktionen des Textes durch die Leser/innen. Text und die Rekonstruktionen des Textes durch die Leser/innen schaffen den Textsinn mit.

Die vielen Auslegungen als Teil der „Welt des Textes"
Nun haben die biblischen Texte schon viele Begegnungen mit Lesern und Verstehern vergangener Zeiten ausgelöst. Die meisten davon sind vergessen. Andere aber sind weitererzählt, aufgeschrieben, ja sogar für maßgeblich erachtet worden und gehören zum bleibenden Schatz der Tradition. Herkömmlicherweise wird dieses Phänomen mit dem Begriff der Wirkungsgeschichte benannt. Deren Erforschung ist Teil des Auslegungsprozesses eines biblischen Textes. Aus dem Gesagten wird deutlich, dass dieser Prozess nicht aufhört. Immer neu, wenn ein Text von einem Leser aufgesucht wird, werden seine Auslegungen aktualisiert, korrigiert oder auch erweitert. Die „Welt des Textes" wächst also mit jedem Lesen und jedem Leser weiter.

Ein Beispiel dafür ist die Interpretation der drei Marien von Gregor dem Großen.[144] Er bezeichnete die Frau aus Lk 7, die dort als Sünderin ausgegeben wurde, als Maria und identifizierte sie mit der Maria von Betanien und mit Maria Magdalena. Diese Auslegungstradition war so maßgeblich, dass sie noch heute landläufig wirksam ist.

Die intertextuelle Auslegung beschreibt dieses Phänomen, indem sie auf die Rolle der Auslegungsgemeinschaft und ihrer Enzyklopädie im Prozess der Auslegung eines Textes verweist.

Interessant ist, dass sowohl der Text als auch seine Rekonstruktion(en) in die Enzyklopädie des Texts wie auch die Enzyklopädie der Auslegungsgemeinschaft eingehen. Wurde eine Auslegung einmal getätigt, kann sie vom Gedächtnis des Textes und der Auslegungsgemeinschaft entweder erinnert oder auch wieder vergessen werden. Mit anderen Worten kann man sagen, dass wir einen Text nie erschöpfend auslegen. Das heißt, dass die unabdingbare, für immer feststehende Auslegung zumindest unter den Voraussetzungen dieser Zeit nicht zu finden ist. Die

---

144 Vgl. Gregor der Große: Evangelienhomilien 2,25,1 (PL 76,1189): Hier wird Maria von Magdala identifiziert mit der Sünderin aus Lk 7,36–50; vgl. auch Evangelienhomilien 2,33,1 (PL 76,1239f); Ezechielhomilien 1,8,2 (CChr.SL 142,102); Ezechielhomilien 2,8,21 (CChr.SL 142,352); Zugleich identifiziert er sie mit Maria von Betanien: Evangelienhomilien 2,25,10 (PL 76,1196).

Begegnungen mit dem Text hören nie auf. Deshalb ist die Größe der Auslegungsgemeinschaft nicht nur eine Größe des Textes. Sie ist auch eine Größe, die den aktuellen, empirischen Leser und die Leserwelt prägt. Hier tritt sie in Form der „Verstehergemeinschaft" auf, wie noch zu zeigen sein wird.

Die Enzyklopädie des Textes als weitere Größe der „Welt des Textes"
Noch immer aber bleibt zu klären, wie man sich diese „Welt des Textes" vorstellen kann. Die intertextuelle Exegese hat dazu einen weiteren Vorschlag gemacht. Sie sieht das Hintergrundwissen, das ein Text aufruft, also die Enzyklopädie des Textes, als maßgeblich für sein Verstehen. Dieses Hintergrundwissen kann das Wissen um die Zeitumstände sein, in der ein Text entstanden ist. Damit ist aber genauso gemeint, beispielsweise alle Erzählungen aufzurufen, die sich um den Namen „Abraham" oder „Mose" drehen. Mit anderen Worten geht es hier um Informationen, die helfen die Kultur und Atmosphäre näher zu verstehen, die ein Text mittransportiert. Es gilt, alle Erkenntnisse, die eine Analyse des Textes bringen kann, so weit wie möglich und nötig zu eruieren.

Nun besteht die Schwierigkeit der Textbegegnung darin, einer ganzen Welt des Textes zu begegnen. Weil diese unendlich weit und vielgestaltig ist, ist eine Begegnung mit dem Text auf tönerne Füße gestellt. Die Begegnung kann scheitern, weil die Welt zu offen und weit und zu wenig umgrenzt ist. Deshalb muss die „Welt des Textes" für das Begegnungsgeschehen und damit auch für die Auslegung begrenzt werden.

Begegnungen mit der „Textwelt" brauchen Begrenzungen
Die intertextuelle Exegese hat einen Rahmen formuliert, in dem die Begegnung mit der Textwelt stattfindet. Dieser wird von der bibeltheologischen Didaktik nochmals deutlicher umrissen. Eine Größe, die den Rahmen und den Raum der Begegnung von Textwelt und Leserwelt bezeichnet, ist der biblische Kanon.

Eine andere Größe ist in der Rekonstruktion des Textes durch den Leser markiert. Wie oben deutlich wurde, ist sie eine Größe der „Textwelt". In diesem Sinn trägt sie zur Weite und Unfassbarkeit dieser Welt bei. Zugleich ist mit der Rekonstruktion des Textes durch den Leser aber auch eine bestimmte Perspektive auf den Text gemeint. So verstanden wird die „Textwelt" eingeschränkt. Die Aufgabe besteht nun freilich darin herauszufinden, welche Rekonstruktionen Leser vornehmen.

Intertextuelle Lesart als Instrumentarium
Die intertextuelle Lesart als eine Weise, die innerbiblischen Bezüge eines Textes und damit seine Aussageabsichten deutlicher werden zu lassen, ist gleichsam das Instrument, die Rekonstruktionen eines Textes durch den Leser herauszufinden.

Das bedeutet auch, die „Strategien eines Textes" zu entdecken. Damit sind jene Absichten gemeint, mittels derer der Text den Leser führt. Das können Doppelungen im Text sein, die den Leser auf etwas Wichtiges aufmerksam machen wollen. Das können auch Brüche im Text sein, die auf Leerstellen hinweisen, die vom Leser zu füllen sind, und anderes mehr.

Zusammenfassung
Insgesamt zeichnet sich ab, dass die Begegnung mit der Textwelt (Text und Textrekonstruktion(en) durch den Leser) bestimmte Größen aufruft (Auslegungsgemeinschaft, Enzyklopädie der Auslegungsgemeinschaft, Enzyklopädie des Textes).

Der Text bleibt leer, solange es nicht zu einer Begegnung mit dem Leser kommt. Der Text steht damit in einer abhängigen Beziehung zum Leser. Das Umgehen mit biblischen Texten deutet dies als Beweis der Ungeheuerlichkeit Gottes, der sich dieser Welt zusagt, sich entäußert (Kenosis) und in die „Abhängigkeit zum Menschen" begibt. Der biblische Text gibt sich als Wort Gottes zu verstehen, das vom Menschen gelesen, gehört, angenommen werden will. Und auch wenn diese Einladung durch das Wort Gottes bleibend besteht, so liegt es doch in der Freiheit des Menschen, darauf einzugehen oder nicht.

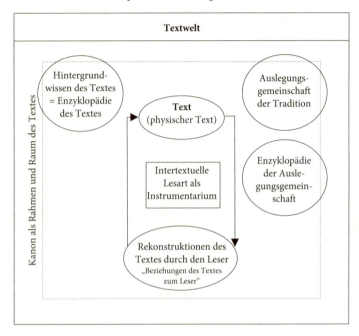

Grafik 6: Textwelt

1.2 Der Leser und die „Welt des Lesers"

Ähnliches wie zum Text und zur Beschreibung der Textwelt lässt sich im Blick auf den Leser und seine Welt sagen. Die Begegnung mit einem konkreten Text fordert konkrete Leser/innen. Wie aber kann man die konkreten, empirischen Leser/innen für das Auslegungsgeschehen biblischer Texte zur Geltung bringen? Wie oben schon deutlich wurde, überfordert es eine biblische Didaktik, den empirischen Leser in seiner Gänze einholen zu wollen. Deshalb kann es auch hier höchstens darum gehen, Rekonstruktion(en) des empirischen Lesers in Bezug auf den Text zugänglich zu machen.

Die „Welt des Lesers" – Leser und Rekonstruktionen des Lesers in Bezug auf den Text

Die „Welt des Lesers" wird also sowohl durch den Leser als auch die Rekonstruktion des Lesers in Bezug auf den Text bestimmt. Ist eindeutig, was mit dem empirischen Leser gemeint ist, so muss deutlicher erklärt werden, was unter Letzterem zu verstehen ist.

Bei der Begegnung mit biblischen Texten tritt der Leser in einer bestimmten Weise in das Blickfeld. Es interessiert seine Beziehung zum Text. Bringt er Fragen mit, die der Text vielleicht beantworten kann? Kennt er Erfahrungen, die auch der Text erzählt? Verfolgt er bestimmte Absichten mit dem Text? Weiß er vielleicht schon etwas über den Text und seine Welt? Oder weist der Leser eventuell gar keine Bezüge zum Text auf bzw. interessiert ihn der Text überhaupt nicht? Es geht darum herauszufinden, ob er Bezüge zum Text aufweist und wenn ja, welche. Insofern kann man unter den „Rekonstruktionen des Lesers in Bezug auf den Text" die „Beziehungen des Lesers zum Text" verstehen.

Für das biblische Lernen in christlich-theologischer Hinsicht ist der Leser noch in einer weiteren Hinsicht zu verdeutlichen. Er wird als Adressat des Wortes Gottes kenntlich. Das Wort ist an ihn gerichtet. Es will ihn berühren, ja betreffen und verwandeln. Der Leser ist immer schon der von Gott Gemeinte und Angesprochene, wenngleich es am Leser ist, ob er sich dazu verhält und wie er sich dazu verhält.

Insgesamt gilt, dass nicht nur der Leser auf den Text ausgreift, sondern auch der Text auf den Leser hin Bewegungen auslöst. Für den Prozess des biblischen Lernens ist es deshalb wichtig, dass sowohl die Textwelt als auch die Leserwelt zueinander sprechen und dass die Bewegungen, die ausgelöst werden, einen Ausdruck finden.

Lebenswissen, Verstehergemeinschaft und ihre Enzyklopädie als Teile der „Welt des Lesers"

Ähnlich wie bei der Welt des Textes kennt auch die Welt des Lesers ganz unterschiedliche Größen: das Lebenswissen des

Lesers, also seine Enzyklopädie, sowie die Verstehergemeinschaft, der er angehört, also z.B. die Klasse bzw. die Tradition, aus der er kommt und die sich mit der Auslegungsgemeinschaft der Tradition überlappt, sowie das eingespeicherte Wissen dieser Tradition, sprich die Enzyklopädie der Verstehergemeinschaft.

Die Lebenswelt als Rahmen und Raum der Leserwelt
Die Lebenswelt zeigt sich als Rahmen und Raum des Lesers. Sie ist sozusagen der Ort, der den Leser und das Lesen des Textes prägt. Sie ist nicht fest umrissen, wie z.B. der Kanon als Rahmen und Raum des Textes. Sie ändert sich, weitet sich aus, verengt sich je nach Lebenssituation und Lebenserfahrung. In *Grafik 7* wird sie deshalb mit einer gestrichelten Linie abgebildet. Dennoch ist sie nicht beliebig. Jeder Leser ist Teil einer bestimmten Kultur und damit einer bestimmten Sprach-, Denk- und Handlungstradition. Als Reservoir, aus dem der Einzelne bewusst und unbewusst schöpft, fließt sie in die Textbegegnung mit ein.

Begegnungen mit der „Leserwelt" brauchen Begrenzungen
Auch wenn die Lebenswelt nur in einem sehr eingeschränkten Sinn als Begrenzung der Leserwelt aufgefasst werden kann, so zeigt sich die Begrenzung der „Leserwelt" von einer anderen Seite aus noch deutlicher.

Wie schon angesprochen wurde, kann im Auslegungsgeschehen nicht der empirische Leser in seiner Gänze zur Geltung kommen. Die bibeltheologische Didaktik beschränkt sich deshalb darauf, den Leser in den Blick zu nehmen, wie er in Bezug auf den Text beschrieben wird. Es geht darum, die „Beziehungen des Lesers zum Text" zu klären. Damit ist klar, dass der Leser nur in einer bestimmten Hinsicht zur Geltung kommt. Andererseits ermöglicht es diese Beschränkung aber erst, dass sich Begegnung ereignen kann.

Verstehensvoraussetzungen ermitteln als Instrumentarium
Vor allem die entwicklungsorientierten Ansätze haben dazu beigetragen, die „Beziehungen des Lesers zum Text" zu erschlie-

ßen. Sie rekonstruieren zu können heißt deshalb in der bibeltheologischen Didaktik, die Verstehensbedingungen des Lesers zu klären. Das bedeutet, die entwicklungspsychologischen Voraussetzungen des Lesers einzuschätzen, das Vorwissen und seine religiöse (Nicht-)Sozialisation zu ergründen und die Erwartungen und Ziele aufzudecken, die er mit einem Text verfolgt.

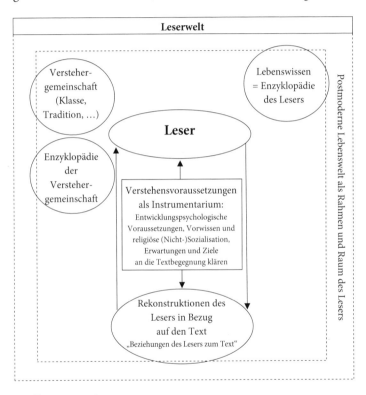

Grafik 7: Leserwelt

1.3 Bewegungen zwischen der „Welt des Lesers" und der „Welt des Textes"

Beim biblischen Lernen bleibt es nicht dabei, dass die Textwelt und die Leserwelt je für sich stehen. Beide begegnen sich vielmehr und lösen Bewegungen aufeinander zu, gegeneinander, miteinander aus.

Einer bibeltheologischen Didaktik geht es nun gerade um diese Bewegungen. Was verändert sich durch die Begegnung auf Seiten des Lesers und seiner Absichten sowie auf Seiten des Textes und seiner Sinngestalten? Selbst dort, wo alles gleich bleibt, ist es interessant zu fragen, warum das so ist.

Die Kunst einer bibeltheologischen Didaktik ist es, diese Bewegungen zu befördern und kommunikabel zu machen. Erst wenn sie einen Ausdruck finden, sei es in der Sprache, sei es in Farben und Formen, in Musik und Klang, im konkreten Engagement, wird die stattgefundene Begegnung mitteilbar und damit auch für andere relevant.

1.4 Praxis als Rahmen und Ziel der Bewegungen von Textwelt und Leserwelt

Damit werden aber schon der Rahmen und das Ziel der Begegnung von biblischer Textwelt und Leserwelt angesprochen, nämlich die Praxis. Eine bibeltheologische Didaktik zielt, wie später noch genauer gezeigt wird, auf eine menschenfreundliche Praxis. Sie zielt auf eine Welt, die in ihrem Woher, Wohin und Wozu als in Gott verankert gesehen wird und damit neue Möglichkeiten von Sinn erschließt. Das gilt sowohl für denjenigen, der die biblischen Texte aus einer Beobachterperspektive wahrnimmt, als auch für denjenigen, der die biblischen Schriften als Wort Gottes an ihn versteht. Die Gottesperspektive, die die biblischen Texte in den unterschiedlichsten menschlichen Erfahrungen zur Geltung bringen, ist die bleibende Herausforderung für biblische Lernprozesse.

Insgesamt zielt die bibeltheologische Didaktik darauf, das Wort der Schrift auch als Wort Gottes an den Menschen anklingen zu lassen. Ob der Einzelne in diesen Klangraum eintritt oder nicht, ist seine Entscheidung. Ob er das Wort der Schrift als Wort Gottes an ihn versteht, bleibt in seiner Freiheit. Wichtig ist, dass dieses Wort in Bewegung kommt und dass der Leser seine Beziehungen zu diesem Wort wahrnimmt und zumindest darum weiß, dass er eingeladen ist, sich dazu zu verhalten.

Damit ist die grundlegende Chance und Grenze einer bibeltheologischen Didaktik markiert. Sie kann Räume und Zeiten für die Begegnung zwischen dem Wort Gottes und dem Leser eröffnen. Sie kann diesen Prozess vermutlich auch noch fördern oder behindern. Sie kann ihn aber weder herbeiführen noch planbar oder habhaft machen. Die Begegnung zwischen Gott und dem Menschen, zwischen dem Wort Gottes und dem Leser, zwischen den biblischen Texten und den Schüler/innen ist eine freie.

Eine bibeltheologische Didaktik versucht also, die „Welt des Textes" und die „Welt des Lesers" zueinander sprechen zu lassen. Wie differenziert und umfangreich diese Welten zum Tragen kommen, ist eine zweite Entscheidung. Diese ist abhängig von den teilnehmenden Lesern, den Texten, die herangezogen werden, aber auch der verfügbaren Zeit, dem „Ort" der Begegnung und anderen Dingen. Wichtig ist, dass jede Größe im Auslegungsgeschehen gefragt ist. Unplanbar bleibt, ob die Begegnung gelingt und welche Konsequenzen sie hat.

134 Das Konzept der bibeltheologischen Didaktik

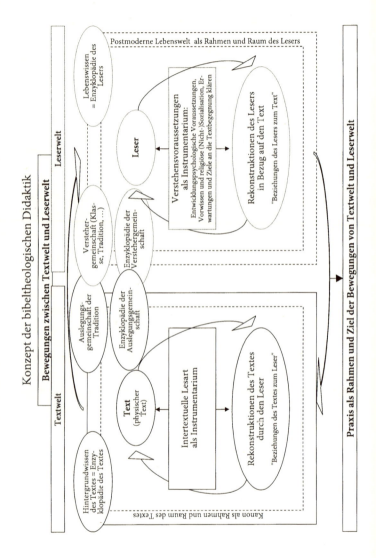

Grafik 8: Konzept der bibeltheologischen Didaktik

2. Schritte einer bibeltheologischen Didaktik

Für das Konzept der bibeltheologischen Didaktik lassen sich folgende Konkretisierungsschritte ausmachen. Aufgrund der besseren Verstehbarkeit werden sie je für sich skizziert. Schon hier soll aber angemerkt sein, dass sich das Auslegungsgeschehen ständig zwischen der Welt des Textes und der Welt des Lesers hin und her bewegt und beide miteinander in Verbindung bringt. So kann nicht erst ein Schritt nach dem anderen getan werden. Vielmehr ruft eine Bewegung die andere wach und richtet sie aus.

2.1 Annäherungen an die Textwelt

Es geht darum, einen Text der Bibel in seiner Kontextualität und Intertextualität wahrzunehmen. Das heißt, dass ein Text als Teil und Bezugspunkt des Kanons zu lesen und entsprechend zu deuten ist. Das zu klären, braucht wiederum verschiedene Schritte:[145]

Prozedurale Analyse
Bei der prozeduralen Analyse werden die Rekonstruktionen, die der Modell-Leser vornehmen muss, um einen Text zu verstehen, entlang des Textes reflektiert. Hier geht es z.B. darum, die Verweise des Einzeltextes auf weitere Texte zu untersuchen, die über ihn hinausgehen. Es muss die Bedeutung der Verweistexte geklärt sowie darüber nachgedacht werden, wie sich ein Text durch die Einfügung von Verweisen verändert. Mit anderen Worten bedeutet das, andere Texte der Schrift einzuspielen und den Einzeltext durch den „Resonanzraum" der anderen Texte zu lesen. Dazu soll zunächst der Nahkontext (also AT oder NT)

---

145 Die Entwicklung der Schritte lehnt sich an das Konzept von Tobias Nicklas, Georg Steins und Christoph Dohmen an: Vgl. dazu Nicklas, T.: Biblische Texte, 243–256; ders.: Leitfragen leserorientierter Exegese, 53–61.

und dann der Großkontext (das Gesamt der Bibel) befragt werden.[146]

Mit anderen Worten geht es in diesem Schritt darum, die „kanonbewussten Redaktionen" (Einspielungen, die der Redaktor schon selbst vornimmt) wie auch die „hermeneutischen Redaktionen" (Vorverständnisse, die an den Text herangetragen werden) geltend zu machen.

Die Frage, welche Enzyklopädien eingespielt werden müssen, wird durch das Kriterium der „Textökonomie" bzw. des „ökonomischen Lesens" (U. Eco)[147] entschieden. Das heißt, nur das einzuspielen, was möglichst schnell und unmittelbar für das Verstehen eines Textes notwendig ist.

Insgesamt kennt dieser Schritt zwei Phasen: Die erste besteht darin, die Einspielungen des Modell-Lesers vorzunehmen. Die zweite Phase besteht darin, die Einspielungen vergangener und gegenwärtiger Leser einzubringen, also die Tradition, die Auslegungsgemeinschaft vergangener Tage und die aktuelle Verstehergemeinschaft zur Geltung zu bringen. Konkret bedeutet das, nach der Wirkungsgeschichte eines Textes zu fragen und nach seiner Bedeutung für die gegenwärtige Auslegungsgemeinschaft.

Die prozedurale Analyse wird dort herausgefordert, wo ein Text Brüche oder auch Doppelungen tradiert. Diese müssen wahrgenommen und daraufhin befragt werden, was sie für den Lesevorgang bedeuten: Soll der Leser die Wichtigkeit einer Aussage mitbekommen (Doppelungen)? Soll er Brüche auch als „Leerstellen" lesen lernen, die noch etwas anderes als das Vordergründige sagen wollen? Wichtig ist, diese Spannungen nicht zu überspielen, sondern für das Auslegungsgeschehen zu bedenken. Ähnliches gilt für so genannte „Schlüsselwörter" bzw. „Schlüsseloppositionen".[148] Damit sind Wörter gemeint, die das Thema eines Textes ausdrücken bzw. kontrastieren (z.B. hat das

---

146 Vgl. dazu das 3. Kapitel.
147 Vgl. dazu Eco, U.: Zwischen Autor und Text, 59; ders.: Lector in fabula, 107.135–139.
148 Vgl. Nicklas, T.: Leitfragen leserorientierter Exegese, 60.

Wort „Ufer" in neutestamentlichen Texten eine solche Wirkung: vgl. Lk 5,1; Joh 21,4 u. a., oder auch das Wort „Berg": vgl. Mt 5,1; Mk 9,2 u. a.).

Für die prozedurale Analyse sind wiederum unterschiedliche Einzelschritte nötig. Auch diese sind nicht streng voneinander zu trennen, sondern laufen vielmehr ineinander und bedingen einander. Die vielen einzelnen Schritte, die die prozedurale Analyse abfordert, können den Eindruck der Unüberschaubarkeit erwecken. Im Grunde aber resultieren sie aus dem Respekt vor dem Text und seinen vielen Sinnmöglichkeiten. So kann auch verhindert werden, dass die Vielstimmigkeit des Textes, seine Brüche und Doppelungen zu einer monolithischen Einheit eingeebnet werden.

Im Religionsunterricht üben sowohl die Lehrkraft als auch die Schüler/innen die Funktion des Modell-Lesers aus. Gerade die Wirkungsgeschichte eines Textes, aber vermutlich auch seine kanonischen Bezüge sind vom Lehrer zumindest exemplarisch vorzustellen. Die Schüler/innen ergänzen, korrigieren und denken das Vorgeschlagene weiter. Anderes verhält es sich bei den so genannten „Schlüsselwörtern" bzw. „Schlüsseloppositionen": Sie bieten Schüler/innen eine unmittelbare Anknüpfungsmöglichkeit an ihre Lebenswelt.

Strukturale Interpretation
Die Erkenntnisse, die die prozedurale Analyse zeitigte, werden in diesem Schritt für das Ganze des Textes bedacht. Hier spielt sowohl der einzelne Leser (Lehrkraft und Schüler/in) als auch die Verstehergemeinschaft (Klasse, aber auch Lebensgemeinschaft) eine große Rolle. Die strukturale Interpretation verflicht sozusagen Einzelinterpretationen mit dem Ganzen sowie Interpretationen Einzelner mit der Auslegungsgemeinschaft.

Zusammenfassende Interpretation
In diesem Schritt werden die Ergebnisse aus der prozeduralen Analyse und der strukturalen Interpretation gebündelt und für eine Auslegung des Textes zusammengeführt. Als Kriterien gel-

ten, wie oben gezeigt wurde: 1. Die Einheit des Textes berücksichtigen, 2. Unterscheiden, ob der Text lediglich benutzt oder interpretiert wird, 3. Die Enzyklopädie des Textes aufrufen.

2.2 Annäherungen an die Leserwelt

Es würde eine biblische subjektorientierte Didaktik überfordern, wenn der empirische Leser in Gänze eingeholt werden müsste. Auch wenn dieser der eigentliche Adressat des Textes ist, bleibt dennoch festzuhalten, dass er den Text immer nur in einer bestimmten Hinsicht, zu einer bestimmten Zeit erreichen kann. Es geht im Auslegungsgeschehen also nicht um den empirischen Leser in seiner Gänze, sondern darum, die Rekonstruktion(en) des Lesers in Bezug auf den Text anzuspielen.

Die Frage aber ist, wie diese eingeholt werden können. Das bedeutet herauszufinden, durch welche und mittels welcher Assoziationen, Konstruktions- und Rekonstruktionsprozesse ein Leser den Text generiert. Das wird schon durch einen Teil der prozeduralen Analyse eingeholt, insofern nämlich die Einspielungen des Lesers wahrgenommen und für das Textverstehen geltend gemacht werden. Das verstehen auch die klassischen Ansätze der biblischen Auslegung unter Leserorientierung.

Diese Beschreibung der Leserorientierung, wie sie die klassischen Ansätze betreiben, ergänze ich aber noch um die Forderung, die Verstehensvoraussetzungen des Lesers zu ermitteln. Das bedeutet, dessen entwicklungspsychologische Voraussetzungen zu klären sowie die Bedingungen des Textverstehens, nämlich Vorwissen und religiöse (Nicht-)Sozialisation, Erwartungen und Ziele an den Text. Sie helfen, die Beziehungen des Lesers zum Text zu bestimmen. Sie sind gleichsam das Instrumentarium, mit dem der Leser in Bezug auf den Text beschrieben werden kann.

Damit spielen auch folgende Größen eine Rolle für das Auslegungsgeschehen: das Lebenswissen des Lesers (Enzyklopädie des Lesers) sowie die Verstehergemeinschaft und deren Enzyklopädie. Die Lebenswelt ist der Rahmen und der Raum des Lesers in Bezug auf den Text.

Daraus ergeben sich folgende Schritte, die die Leserwelt für das Auslegungsgeschehen zur Geltung bringen:

1. Annäherungen an die Lebenswelt als Verstehenswelt des Lesers und seine Art und Weise des Konstruierens und Re-Konstruierens: Entwicklungspsychologische Voraussetzungen und Bedingungen des Textverstehens eruieren, wie z.B.: Vorwissen und religiöse (Nicht-)Sozialisation, Erwartungen, Ziele/Absichten im Sinne von Strategien, die an den Text angelegt werden (vgl. die Studien von J. Theis).
2. Bei biblischen Texten kommt hinzu, dass die Begegnung von Leser und Text nicht nur individuell geschieht, sondern immer auch von der Lese- und Auslegungsgemeinschaft der Glaubensgemeinschaft(en) geprägt ist, sei es in der Beobachterperspektive oder in der Teilnehmerperspektive. Das heißt, dass die subjektiven Deutungen mit den Deutungen der aktuellen Verstehergemeinschaft zu konfrontieren sind (aktuelle Klassengemeinschaft, aktuelle Kirche) – soziale Dimension des Textverstehens.

2.3 Klärung der Bewegungen zwischen Leserwelt und Textwelt

Schließlich gilt es zu untersuchen, wie die Leserwelt die Textwelt verändert und umgekehrt. Dabei ist es sowohl möglich, bei der Leserwelt als auch bei der Textwelt zu beginnen. Das kann z.B. heißen, einen Text mehrmals zu lesen, so dass sich die Begegnung von Text und Leser wiederholt. Das kann bedeuten, durch unterschiedliche Zugänge die Begegnung von Text und Leser zu eröffnen (Reflektieren, Spielen, Malen, Musik etc.) und die Veränderungen zu beobachten, die dadurch entstehen (Interviews, Texte schreiben etc.). Es geht darum, wie der biblische Text als Wort Gottes gehört wird und welchen Resonanzraum der Leser ihm im eigenen Leben zugestehen will. Das bedeutet aber auch, die schöpferische Kraft des Lesers in Bezug auf das Hören und

Verstehen der biblischen Texte als Wort Gottes zur Geltung zu bringen.

Damit zeigt sich, dass weder Schritt 1 noch Schritt 2 nur für sich bedacht werden können. Beide Schritte sind stets miteinander zu verschränken und verändern sich durch die Blickrichtungen und Erkenntnisse des je anderen Schritts.

3. Zur Bedeutung der Lehrkraft

Der Lehrkraft kommt in der bibeltheologischen Didaktik und der Begegnung von Textwelt und Leserwelt besonderes Gewicht zu. Sie tritt in unterschiedlichen Bedeutungen, Rollen und Phasen auf.

3.1 Der Lehrer als existenzieller Leser

Zunächst kommt die Lehrerin/der Lehrer als existenzieller Leser in den Blick. Die Erfahrungen, die ihn ausmachen, die Fragen, die er hat, auch die Zweifel und Unsicherheiten, die sein eigenes Leben und seine Geschichte mit Gott prägen, beschreiben einen Teil des Resonanzraumes, in dem die Textbegegnung stattfindet.

Der Lehrer ist derjenige, der in der Teilnehmerperspektive die biblischen Texte liest. Er zeigt sich als einer, der sich in den Zirkel des Glaubens gestellt hat und die Worte der Schrift auch als Wort Gottes an ihn liest. Auch wenn das nicht bedeutet, dass darin keine Herausforderung mehr steckte, so kann beim Lehrer anders als bei den Schüler/innen die Distanz zur Schrift immer schon als eine sympathisierende Distanz zum Wort Gottes beschrieben werden.

Insofern der Lehrer als existenzieller, also selbst Betroffener ins Spiel kommt, muss er sich vergegenwärtigen, mit welchen Interessen und Absichten, aber auch Vorerfahrungen und Vorurteilen er an den Text herangeht. Allein die Auswahl von biblischen Texten für den Unterricht entscheidet sich nicht selten von diesen Voreinstellungen her. Deshalb ist es hilfreich, die eigenen Kriterien für die Textauswahl zu überprüfen. Werden „schwierige" Bibeltexte eher ausgesondert? Gibt es Vorlieben für Texte, und wenn ja, welche und warum? Was interessiert an einem Text und was irritiert? Wird immer wieder auf dieselben Texte zurückgegriffen oder kommen „alte" wie „neue" Texte zum Zuge? Formulieren die ausgewählten Texte Grunderfahrungen der biblischen Schriften wie z.B. der Klage, des Scheiterns, der Freude sowie des Glücks und tragen sie so zum besseren Verstehen der Geschichte Gottes mit seinem Volk bei? Können die Schüler/innen einen „roten Faden" erkennen, der sich aus der Vielzahl der gelesenen biblischen Erzählungen ergibt? Können die Texte von den Schüler/innen verstanden werden und können sie dazu beitragen, die Schüler/innen bei ihren Fragen und Themen zu unterstützen?

3.2 Der Lehrer als Anwalt der Schüler/innen und der Leserwelt

Schließlich ist der Lehrer derjenige, dem es um die Schüler/innen geht. Sie sind die Adressaten der biblischen Texte, die Hörer, aber auch die Sinnstifter. Sie sind diejenigen, die anfragen und weiterdenken, die vertiefen, korrigieren und zugleich durch die Texte provoziert und korrigiert werden. Damit sie auf ihre Weise in die Begegnung mit dem Text eintreten können, muss der Lehrer ihre Interessen wahrnehmen und im Prozess der Begegnung immer wieder zur Geltung bringen. So wird der Lehrer zum Anwalt der Schüler/innen und insofern der Leserwelt. Das heißt beispielsweise, die Verstehensvoraussetzungen der Schüler/innen zu ermitteln, deren entwicklungspsychologische Voraussetzungen zu klären, ihr Vorwissen, ihre Erwartungen und Ziele in Bezug auf den Text herauszufinden. Die Lehrkraft muss im Lernarrangement Phasen einbauen, die genau das ermöglichen. Auch wenn die Schüler/innen diejenigen sind, die auch ungeplant ihre Fragen und Irritationen, ihre Suche und ihre Antworten in den Begegnungsprozess einbringen, so kommt dem Lehrer die Funktion zu, die Schülerseite aktiv einzufordern.

3.3 Der Lehrer als Anwalt des Textes und der Textwelt

Ebenso ist der Lehrer Anwalt des Textes und seiner Welt. Das heißt, dass der Lehrer den Part des informierten Lesers bzw. des Modell-Lesers in den Begegnungsprozess von Textwelt und Leserwelt einbringt. Auch wenn die Schüler/innen das ebenso tun, so ist der Lehrer derjenige, der das auf alle Fälle tun muss. Er wird im Begegnungsprozess vor allem derjenige sein, der die kontextuellen Bezüge des Textes einspielt, das Hintergrundwissen des Textes einbringt und den Schüler/innen durch entsprechende Lernphasen ermöglicht, sich dieses Wissen anzueignen.

Wenngleich die Schüler/innen in ihrer Kompetenz gefragt und aufgefordert sind, selbstständig Bezüge und Informationen einzuspielen, so ist der Lehrer derjenige, der diesen Prozess initiieren, vor allem aber, wenn es Schwierigkeiten gibt, am Laufen halten oder aus der Sackgasse führen wird.

Damit sind große Ansprüche an den Lehrer formuliert, vielleicht auch zu große. Er muss in der Exegese bewandert sein und die kontextuellen Bezüge der Texte erkennen und thematisieren können. In einer Zeit, in der es noch nicht genügend biblische Kommentarwerke gibt, die dies modellhaft leisten, ist das nochmals schwieriger. Hier zeigt sich, dass biblisches Lernen eben auch von der Sachkompetenz der am Lernprozess Beteiligten abhängt bzw. sie einfordert.

Der Lehrer ist zudem, zumindest vorrangig, derjenige, der um die Auslegungsgemeinschaft der Tradition und ihre Enzyklopädie weiß. Mit anderen Worten liegt es in erster Linie an ihm, zu entscheiden, wie und in welchem Umfang die Wirkungsgeschichte eines Textes in der Auslegung zur Geltung kommt. Auch das erfordert ein großes Maß an exegetischem Wissen und methodisch-didaktischem Können.

Dennoch bietet die bibeltheologische Didaktik allen am Lernprozess Beteiligten einen Raum, Texte *werden* zu lassen und damit Neues zu entdecken, was so manche Mühe lohnt.

3.4 Der Lehrer als Initiator und Moderator

Schließlich ist es der Lehrer, der sowohl die Begegnung von Text und Schüler/innen initiieren als auch die Bewegungen, die dadurch ausgelöst werden, moderieren wird. Auch wenn die Begegnung von Text und Schüler/in unverfügbar und unplanbar bleibt, so kann Begegnung durch Lernarrangements zumindest eröffnet werden. Das aber braucht Unterrichtsphasen, die einen Prozess auftun und diesen Prozess gestalten helfen.

Der Lehrer muss sich also überlegen, wie biblische Texte überhaupt von den Schüler/innen her in Gang kommen. Oder umgekehrt, wie Texte von den Schüler/innen in Frage gestellt werden. Phasen der Annäherung wechseln mit Phasen der Vertiefung und der Aktualisierung durch die Schüler/innen. Es geht darum, den Schüler/innen sowohl Möglichkeiten zu geben, sich zu distanzieren, als auch sich auf ihre Weise an den Text und seine Welt anzunähern. Was dadurch beginnt, welche Fragen dadurch ausgelöst werden, gilt es wiederum in einen Ausdruck zu überführen. Die Sprache ist dafür eine Möglichkeit. Formen kreativen Gestaltens, wie Malen, die Musik oder auch die körperliche Bewegung sind andere.

Insgesamt wird deutlich, dass dem Lehrer eine bedeutende Rolle in der bibeltheologischen Didaktik zukommt. Dennoch sind seine Anteile nicht in dem Sinne misszuverstehen, als ob der gesamte Prozess der Begegnung von ihm abhinge. Er ist vielmehr derjenige, der diesen zwar anstachelt und immer wieder mit neuen Impulsen belebt, wenn er vorschnell erlischt. Insgesamt aber gehen die Dynamik und das Ereignis der Begegnung von den Schüler/innen und dem Text und seiner Welt aus.

4. Ziele einer bibeltheologischen Didaktik

Ziel der bibeltheologischen Didaktik ist es, die Vielfalt der Stimmen eines Textes und der Stimmen der Leser im Zusammenhang mit dem Text zu einer Symphonie zusammenklingen zu lassen, in der die vielen Stimmen noch erkennbar sind. Dabei ist es sowohl möglich, den Auslegungsprozess beim Text zu beginnen oder bei den auslegenden Subjekten sowie der Praxis. Wichtig ist, dass die Welt des Textes und die Welt der Leser aufeinander bezogen werden, und zwar kritisch-konstruktiv.

Das heißt, dass sowohl die Leserwelt durch die Textwelt verändert und transformiert wird, als auch der Text durch die Leserwelt. Eine bibeltheologische Didaktik zielt darauf, diese Wechselprozesse in den Blick zu nehmen und Text und Leser als sinnstiftende Größen zu gewichten. Dabei müssen die Kontexte beachtet werden. Das sind: die Tradition als Inbegriff für die Auslegungsgemeinschaft vergangener Tage, die aktuelle Verstehergemeinschaft – die sowohl die konkrete soziale Gruppe bezeichnet, in der ein Text gelesen wird, als auch die aktuelle Auslegungsgemeinschaft der Kirchen – sowie der konkrete kulturelle Kontext, in dem die Leser/innen leben.

Die Begegnung von Text und Leser und die wechselseitigen Bewegungen, die dadurch ausgelöst werden, sind nicht bedeutungslos. Sie finden im Raum von Praxis, also von Tun und Engagement, von Identitätsbildung und Gesellschaftswerdung statt und haben Auswirkungen auf diese. Das Ziel religiöser Bildung ist es, diese Praxis im Sinne des lebendigen Gottes zu verändern. Und das heißt, die konkrete Welt besser, menschenfreundlicher, lebensdienlicher zu gestalten. Die Begegnung mit biblischen Texten will einen Beitrag dazu leisten, konkretes Verhalten und Handeln auf ein „Mehr" an Leben (Joh 10,10) zu weiten.

5. Lernwege

Nimmt man die Begründungen und Ziele biblischen Lernens ernst, dann müssen die Lernwege einer bibeltheologischen Didaktik jene widerspiegeln. Das heißt, dass auch in und an den Methoden deutlich werden muss, dass sie die Phänomene von Individualisierung und Pluralisierung ernst nehmen. Ebenso muss an ihnen ablesbar werden, dass die biblische Tradition nicht einfach als bekannt und vertraut vorausgesetzt werden darf, sondern davon auszugehen ist, dass die fremde Semantik biblischen Sprechens, Denkens und Verhaltens kennengelernt werden muss.

Die Methoden müssen für die Erreichung dieser Ziele hilfreich sein. Lernwege müssen eine Methoden-Ziel-Relation zum Ausdruck bringen. Insofern unterscheiden sich Methoden einer bibeltheologischen Didaktik nicht von anderen.

5.1 Subjektorientierte Lernwege

Der Leser und seine Beziehungen zum Text spielen in der bibeltheologischen Didaktik eine wichtige Rolle. So müssen auch die Lernwege vom Subjekt ausgehen und dem Subjekt Raum und Zeit eröffnen, sich zum Text zu verhalten, sei es durch Nachdenken, durch Handeln oder Verhalten. Methoden sollen Subjekte zu Selbsttätigkeit und Mündigkeit befähigen helfen.

Von daher kommt den Methoden, die die Subjekte als aktive Konstrukteure begreifen, die sie zum Handeln motivieren und Lernen als Interaktion verstehen, in einer bibeltheologischen Didaktik besonderes Interesse zu. Das geschieht durch Lernformen, wie sie z.B. das kreative Schreiben vorstellt, bzw. überhaupt durch Lernformen, die die eigene Kreativität und Kommunikationsfähigkeit herausfordern. Dazu gehören Formen dramaturgischer und pantomimischer Darstellung genauso wie der Umgang mit Farben und Formen, mit Musik und Klang.

5.2 Den Eigenanspruch des Textes wahren

Zugleich müssen die Methoden helfen, Inhalte zu präsentieren. Inhalte müssen auf eine angemessene Weise zur Geltung kommen. Das heißt, dass die den Inhalten eigene Logik durch die Methoden befördert werden muss. Ein Psalm als Ich-Du-Gebet wird z.B. nicht angemessen durch die Methode der Erzählung wiedergegeben, die eine erzählerische Dramaturgie voraussetzt. Ein Gleichnis, das durch seinen performativen, das Verhalten des Menschen anfragenden Charakter geprägt ist, kann nicht als Sachtext referiert werden. Für die Lernwege gilt es also, die Form-Inhalt-Relation zu berücksichtigen.

Für das Konzept der bibeltheologischen Didaktik bedeutet das, Lernwege zu entwickeln, die die Textwelt und die Absichten, Erwartungen und das Vorwissen der Leser/innen herauszufinden helfen. Die Kultur des Fragens und des vergewissernden Gesprächs ist hier ebenso gefragt wie Lernprozesse, die das Assoziationspotenzial des Textes, der Subjekte und der Lerngemeinschaften heben. Clustering, Collagen fertigen, Signalwörter anhand von Konkordanzen in anderen Texten ausfindig machen, stellen einige solcher Möglichkeiten dar.

5.3 Methodenvielfalt

Lernwege sollen möglichst vielfältig und vielgestaltig sein. Sie sollen die unterschiedlichen Dimensionen der Schüler/innen, also sowohl ihre kognitiven, affektiven, den Willen betreffenden (volitionalen) als auch handlungsbezogenen Fähigkeiten befördern. Nur so können möglichst viele Schüler/innen in das Lerngeschehen einbezogen werden. Biblisches Lernen insgesamt und auch eine bibeltheologische Didaktik verwehren sich einem Methodenmonismus und sind angewiesen auf unterschiedliche und sich abwechselnde Methoden. Dieses Desiderat bezieht sich auf die Sozialformen wie Einzelarbeit, Partnerarbeit, Arbeit in Gruppen und im Plenum, um nur einige zu nennen. Es meint aber auch, dass reflektierende sich mit assoziierenden Unterrichtsphasen abwechseln sollen.

Insgesamt lässt sich festhalten, dass sich die Methoden einer bibeltheologischen Didaktik nicht von den Methoden biblischen Lernens überhaupt unterscheiden. Andererseits müssen sie so gewählt werden, dass auch wirklich die Textwelt wie die Leserwelt und die stattfindenden Bewegungen in den Blick kommen.

5. Kapitel: Beispiele

Im folgenden Kapitel sollen die Schritte der bibeltheologischen Didaktik an exemplarischen Texten durchgeführt werden. Damit zeigt sich einerseits die Praktikabilität der bibeltheologischen Didaktik. Andererseits werden aber auch deren Schwachstellen deutlich.

Hier kann es nicht darum gehen, jeden einzelnen Aspekt des Konzepts der bibeltheologischen Didaktik im Detail auszugestalten. Das Ansinnen des folgenden Kapitels liegt vielmehr darin, Lernarrangements vorzustellen, die jeweils bei einem anderen Aspekt der bibeltheologischen Didaktik ansetzen. So kann gezeigt werden, dass die Leserwelt und Textwelt nicht strikt nacheinander abgearbeitet werden. Die Annäherungen an sie greifen vielmehr ineinander. Wichtig ist jedoch, dass sowohl die Leserwelt als auch die Textwelt sowie die Bewegungen, die durch deren Begegnung ausgelöst werden, im Lernarrangement zur Geltung kommen. Das Konzept der bibeltheologischen Didaktik fungiert quasi als heuristische Größe, keine „Seite" zu vernachlässigen. Wie stark jedoch Textwelt und Leserwelt bzw. die ausgelösten Bewegungen im Lernarrangement zum Zuge kommen, hängt ab von den Schüler/innen, der Klassensituation, der Zeit, um nur einige Faktoren zu nennen. Insgesamt lässt sich so verdeutlichen, worin der Gewinn einer bibeltheologischen Didaktik gegenüber bisherigen Ansätzen auszumachen ist und warum es sich lohnt, hier weiterzuarbeiten.

Für alle Beispiele gilt, dass sie für eine Unterrichtssequenz gedacht sind und damit mehrerer Stunden bedürfen. Die Auswahl der Texte ist von unterschiedlichen Kriterien bestimmt. Zum einen werden sowohl Texte des Alten als auch des Neuen Testaments herangezogen werden. Zum anderen geht es darum, sowohl an vertrauten Texten und Figuren, wie z.B. der Gestalt

Maria Magdalenas, als auch an Schüler/innen vermutlich unbekannten Texten wie der Heilung des Mannes mit der vertrockneten Hand (Mk 3,1–6) die Schritte einer bibeltheologischen Didaktik durchzuspielen. Schließlich werden Texte gewählt, die verschiedenen Gattungen der Schrift angehören: Gesetzestexte wie auch narrative Texte, Wundererzählungen und eine Ostererzählung. Damit soll ersichtlich werden, dass die bibeltheologische Didaktik nicht auf eine bestimmte Gattung von Texten beschränkt bleibt. Auch wenn bei Gesetzestexten die lebensweltliche Verortung nur schwer einzuholen ist, so ist das ein Faktor, der für biblisches Lernen allgemein und nicht nur für die bibeltheologische Didaktik im Besonderen gilt.

Schließlich verfolgen die Beispiele das Ziel, sowohl für die Grundschule als auch die Sekundarstufen I und II Vorschläge zu machen. Dennoch ist hier nicht der Ort, die entwicklungspsychologischen Voraussetzungen der Schüler/innen der einzelnen Schulstufen zu thematisieren. Deren Berücksichtigung wird in den Lernarrangements vielmehr vorausgesetzt.

Wenngleich die bibeltheologische Didaktik die Lehrkräfte wie die Schüler/innen als Modell-Leser/innen einfordert, wollen die Beispiele zeigen, dass die Leser und ihre Motivationen, Interessen und Absichten das Auslegungsgeschehen vorrangig bestimmen. Eine bibeltheologische Didaktik ist also nicht von vornherein auf höhere Jahrgangsstufen und höhere Schulen beschränkt. Ingesamt sollen Schüler/innen durch die Begegnung mit den ausgewählten Texten die Chance haben, nicht nur den Einzeltext und seine Erfahrungen lesen und deuten zu lernen. Die Lernsituationen sollen Exemplarisches zu denken und zu handeln geben: die Achtung vor dem Anderen, die Zusage, dass Gott auch in ausweglosen Situationen nach mir schaut, die Gewissheit, dass das Grab nicht das letzte Wort im Leben hat.

Die Auswahl der Texte bezieht sich also auf Themen, die für Kinder und Jugendliche heute eine wichtige Rolle spielen. Sie sollen Hilfen für die eigenen Suchbewegungen anbieten, den Fragen nach der eigenen Identität Raum geben und Orientierungshilfen vorschlagen, wie ein gutes Miteinander von Menschen ganz unterschiedlicher Weltauffassungen, Nationen und Religionen möglich wird.

1. Narrative Texte – Hagar und der Gott, der nach mir schaut

Das folgende Lernarrangement ist für die Sekundarstufe II gedacht. Die Begegnung von Schüler/innen mit der Bibel soll bei der Textwelt von Gen 16,1–16 ansetzen. Es geht in einem ersten Schritt darum, die Strategien und Erzählstränge des Textes zu entdecken und so seine Leserichtung verstehen zu lernen.

Die Hagarerzählung wird in der Genesis zweimal überliefert. Sowohl in Gen 16,1–16 als auch in Gen 21,9–21. Ähnlich wie die Gefährdung der Ahnfrau Sarai zweimal erzählt wird (Gen 12,10–20; Gen 20,1–18), zeigt diese doppelte Bezeugung, dass an Hagar und Ismael und deren „wunderbarer Rettung" entscheidende Ereignisse für das Volk Israel angebunden wurden. Dazu verknüpft die Erzählung unterschiedliche Stränge und komponiert sie zu einem Ganzen.

1.1 Einen fremden Text erkunden

Die Schüler/innen sollen sich deshalb mit dem Text mittels folgender Aufgabenstellungen beschäftigen. Die Arbeit erfolgt in Gruppen: „Lesen Sie den Text aufmerksam durch. Finden Sie Strategien und Erzählstränge des Textes heraus, indem Sie fragen: Was beabsichtigt der Text? Was will der Text (noch) erzählen? Markieren Sie dazu die entsprechenden Verse im Text. Schneiden Sie diese anschließend aus und kleben Sie sie auf. Überlegen Sie sich, was die Texte im Text sagen wollen."

Insgesamt wurden bei der Durchführung dieser Sequenz folgende Ergebnisse auch mit Hilfe von kurzen Statements der Lehrkraft zusammengetragen: Zum einen geht es in Gen 16,1–16 um die Rettung der schwangeren Hagar, die in die Wüste fliehend schon so gut wie tot ist. Der Engel des Herrn aber findet sie und schickt sie wieder zurück. Dieses Mal aber im Wissen um die Verheißung von reicher Nachkommenschaft und somit von Zukunft. Hagar ist also die Erste für den Leser der Genesis und damit der gesamten Bibel, die dem Engel Gottes begegnet. Sie ist auch die Erste, die diese Erfahrung nicht nur erlebt, sondern benennt und so erzählbar und kommunikabel macht. Hagar nennt den Herrn, den Gott, der nach mir schaut (V 13). Sie ist damit die erste „Theologin" der Bibel. Das ist auch der Grund, dass Hagar diesen Ort zu einem Gedenkort werden lässt. Sie nennt ihn den Brunnen des „Lebenden Michsehenden" (Buber/Rosenzweig). Die Rettungserzählung (Gen 16,6d–11) wird im Text mit der Engelsbegegnung als Chiffre für die Gottesbegegnung verbunden (VV 10–12). Ebenso hängt der Erzähler der Genesis das Heilsorakel über Ismael an (V12), eine *theologische* Lehrtradition (V 13: Gott, der mich sieht) und eine entsprechenden Kultsituation (V 14: der Brunnen Beer-Lahai-Roi)

Zum anderen wird mittels der Rivalinnengeschichte von Sarai und Hagar (Gen 16,1–6) eine für Israel herausfordernde Konkurrenzsituation erzählt.[149] Zwischen den bäuerlichen und sesshaften Israeliten und den als Nomaden lebenden Ismaeliten kommt es immer wieder zu Streitigkeiten. Die Frauengeschichte wird für die Erzähler der Genesis zur Weise, ein Stück Volksgeschichte zu schreiben und zu deuten. Es geht auch darum zu erzählen, dass beide Stämme als gleich wertvoll zu schätzen sind, weil beide als Abkömmlinge Abrams gelten können.

Schließlich geht es für den Leser der Genesis noch immer darum, ob die Zusage der Nachkommenschaft für Abram und damit von Zukunft durch Gott eingelöst wird. Bislang ist nämlich das Gegenteil der Fall. Noch in Gen 15 bringt Abram die Hoffnungslosigkeit angesichts seiner Kinderlosigkeit zum Ausdruck, wenn er sagt: „Herr, mein Herr, was willst du mir schon geben? Ich gehe doch kinderlos dahin, und Erbe meines Hauses ist Elieser aus Damaskus." (Gen 15,2)

---

149 Vgl. Staubli, Th.: Begleiter durch das Erste Testament, 153.

In Gen 16 wird die Verheißung auf Nachkommenschaft zum ersten Mal eingelöst (Gen 16,1-4.15f). Abram zeugt mit seiner Nebenfrau Hagar den Sohn Ismael. Der Duktus der Erzählung versucht alle Zweifel der Leser/innen auszuschalten, dass es sich hier um ein abwegiges Unternehmen Abrams handeln könnte. Abram nimmt die Rechtsinstitution der Leihmutterschaft durch Nebenfrauen in Anspruch, und zwar auf die Initiative Sarais hin. Sarai als seine Hauptfrau ist damit nicht ausgeschaltet. Die Zeugung geht also nicht gegen sie. Auch als es zum Streit zwischen Sarai und Hagar kommt, verhält sich Abram passiv. Er gibt Hagar in Sarais Hand (Gen 16,6).

Dass Gottes Segen über Abram und seiner Nachkommenschaft liegt, beweist schließlich die wunderbare Rettung Hagars durch den Boten Gottes. Damit wurde dem Leser der Genesis zum ersten Mal vor Augen geführt, dass Gott seine Zusage von Zukunft einlöst. Abram wird der Stammvater nicht nur der Israeliten, sondern auch der Ismaeliten. In späteren Zeiten wird diese Erzählung von den Muslimen als Beweis ihrer Abstammung von Abram gedeutet.

1.2 Fragen der Schüler/innen erweitern den „Textraum"

Allein aufgrund der intensiven Beschäftigung mit dem Text wird deutlich, wie der Text, der zunächst als ein „Raum" erscheint, viele andere Räume und Horizonte auftut. Diese machen neugierig und lassen fragen, woher sie kommen und wohin sie den Leser führen wollen. Interessant war, dass die Schüler/innen für die Beantwortung dieser Fragen auf die Enzyklopädie des Textes verwiesen waren. Das heißt, dass sie klären mussten, was im Vorfeld zu Gen 16 über Abram und Sarai erzählt worden war. Das erforderte auch, die im Text angesprochene Rechtsinstitution der Leihmutterschaft zu verstehen. Das hieß schließlich, sich mit der Frühgeschichte Israels auseinanderzusetzen, um die Situation der Israeliten und Ismaeliten zu klären. Ingesamt aber waren es die Schüler/innen, die die Fragerichtungen bestimmten, mit denen sie den Text weiterhin bearbeiteten. Dabei kam es zu einer interessanten Beobachtung.

1.3 Strategien des Textes und Strategien der Schüler/innen

Einerseits gingen die Schüler/innen den Strategien und Leserichtungen des Textes nach. Andererseits aber legten sie ihre eigenen Strategien und Absichten an den Text an, die nicht unbedingt mit denjenigen des Textes übereinstimmten. So kam es auch zu Fragen bzw. Identifizierungen, die jenseits des Textes produziert wurden: Schüler/innen stießen sich z.B. an der Passivität Abrams, mittels der der Text die „Rechtmäßigkeit" des Unterfangens ausweisen wollte. Sie verurteilten, dass Abram auf seine Nebenfrau auswich, um die an ihn ergangene Verheißung zu erfüllen. Sie klagten ebenso scharf an, dass er zuließ, dass Sarai Hagar verstoßen hatte.

Im Unterrichtsgeschehen war das eine sensible Stelle. Sollten die Strategien des Textes nun höher bewertet werden als diejenigen der Schüler/innen? Oder mussten die Absichten des Textes zugunsten der Absichten der Schüler/innen in den Hintergrund treten?

Beide Positionen konnten ernst genommen werden durch den Verweis auf die Reichweite des Textes und die Reichweite der angestoßenen Fragen. Es wurde sehr schnell deutlich, dass der Text keine Absichten und damit keine Lösungen für das Verhalten Abrams und Sarais bot. Zugleich waren aber die aufgeworfenen Fragen eminent wichtig. Sie waren von den Schüler/innen gestellt worden und reichten in ihre Lebenswelten hinein: vom Freund verlassen worden zu sein wegen einer anderen, die Konkurrenz unter Rivalen/innen usw.

1.4 Bewegungen zwischen Leserwelt und Textwelt

Damit war das Unterrichtsgeschehen bei einem Thema angelangt, das nicht in der unmittelbaren Absicht des Textes lag, das aber vom Text ausgelöst worden war: die Frage nach Ausbeutung, Demütigung, nach Recht und Unrecht.

Im folgenden Unterrichtsprozess wurden zwei Akzente herausgearbeitet: Der Text kann nicht zur Legitimation eines ausbeuterischen Verhaltens herangezogen werden. Es liegt nicht in der Absicht des Textes, die Verstoßung Hagars gutzuheißen. Zugleich thematisiert der Text die Verstoßung Hagars. Er belässt es aber nicht dabei. Gott selbst ist es, der Rettung schafft. Er sieht nach der, für die niemand mehr ein Auge hat und von der niemand ein Aufsehen macht. Er findet sie und begegnet ihr. Der Text gibt damit keine Strategien vor, wie mit Konkurrenzsituationen oder auch mit den Erfahrungen von Ausgebeutet- und Ausgenutztwerden umgegangen werden kann. Für die Schüler/innen aber war wichtig zu entdecken, dass diese Erfahrungen nicht spurlos an dem Gott der Bibel vorbeigehen. Die Rettung, die Hagar erfährt, wurde zu einer plausiblen Einsicht, die auch noch für heute erinnert werden kann: Gott nimmt sich auch heute noch der Ungesehenen und Übersehenen, der Ausgebeuteten und Ausgenutzten an. Auch wenn das für die Schüler/innen nicht unmittelbar bedeutete, dies als persönliche Zusage an sie selbst zu verstehen, so anerkannten sie die mögliche Erfahrung.

Die Welt der Schüler/innen deckte also eine Welt des Textes auf, die der Text nicht beabsichtigt. Umgekehrt bot der Text den Schüler/innen eine „Welt" an, nämlich die Rettung Hagars durch das Eingreifen Gottes, die anregend und inspirierend war. Wichtig blieb, dass die Schüler/innen Gelegenheit hatten, mit ihren Strategien und Interessen nicht allein zu bleiben, sondern sie in der Klassengemeinschaft zu kommunizieren.

2. Ein Beispiel aus Gesetzestexten – Der Umgang mit dem Fremden

Der Umgang mit Fremdem und mit Fremden gehört heute zu den wichtigsten Herausforderungen unserer Gesellschaft. Multikulturelle und multireligiöse Kontexte beschreiben inzwischen auch in Westeuropa selbstverständliche Alltagswelten. Die Frage ist, wie unterschiedliche Ethnien, wie Menschen mit unterschiedlichen Weltdeutungen und Religionszugehörigkeiten gut miteinander leben können.

2.1 Fremdsein in der eigenen Lebenswelt

Das folgende Unterrichtsarrangement will dieses Thema aufgreifen. Es ist für die Sekundarstufe I konzipiert und setzt formaloperatorische Fähigkeiten bei den Schüler/innen voraus. Der Unterrichtsprozess beginnt damit, die Absichten der Schüler/innen zu erheben und zu klären. Dazu sollen die Schüler/innen in Gruppenarbeit zu dem Begriff „Fremde" clustern, zuerst in Worten, dann durch die Visualisierung und Konkretisierung der Wortcluster mittels Collagen.

Durch diese assoziative Übung, die das Potenzial der Gruppe nutzt, werden die unterschiedlichsten Konnotationen der Schüler/innen zu diesem Thema laut. Diese reichen von Bildern von betenden Muslimen über Bilder von Hochämtern in der katholischen Kirche bis zu Essensgerichten, Kleidung, Menschen unterschiedlicher Hautfarben, mit unterschiedlichen Lebensstilen (Hippies, Obdachlose …).

2.2 Fremdsein als relative Kategorie

Nachdem jede Gruppe Gelegenheit hatte, sich auch die Collagen der jeweils anderen anzusehen, eröffnet der Impuls: „Mir ist am meisten fremd …" ein Gespräch über die unterschiedlichen

Erfahrungen mit Fremden und Fremdem. Dabei wird sehr schnell deutlich, dass diese Erfahrungen abhängig sind von der eigenen Einschätzung. Was für den einen fremd ist, wie z.B. mit Stäbchen zu essen, gehört für den anderen zu einem besonders interessanten Wochenende. Fremdsein und Vertrautsein, Distanz und Nähe haben mit dem eigenen Standpunkt zu tun. Fremdsein ist eine relative Kategorie.

2.3 Von der Lebens- und Leserwelt in die Welt des Textes treten

Daraus ergibt sich die Frage, wie wir mit dem Fremden und den Fremden umgehen. Im Unterrichtsprozess wurde diese Frage als Impuls an die Schüler/innen weitergegeben. Die Lehrkraft öffnete die Überlegungen der Schüler/innen auf einen weiteren Horizont. Die Lehrerin führte aus, dass diese Frage nicht erst eine Frage für uns heute ist. Sie musste überall dort beantwortet werden, wo Menschen mit Angehörigen anderer Volksgruppen, anderer religiösen und ideellen Überzeugungen zusammenlebten. Die Lehrkraft gab dazu Lev 19,33f. in die Klasse, ohne dies als biblischen Text auszuweisen. Die Schüler/innen sollten mit den Voreinstellungen zu Fremden, die in der ersten Phase ausgetauscht wurden, nun den Text mit der Fragestellung bearbeiten, wie man mit Fremden umgehen kann.

Dazu wurde in denselben Gruppen wie in der ersten Phase gearbeitet. Die Schüler/innen sollten die Regeln herausarbeiten, die der Text zum Umgang mit Fremden angibt. Sie sollten ebenso die Begründungen herausfinden, auf denen die Regeln aufbauen. Drittens schließlich sollten sie sich überlegen, wo sie den Aussagen zustimmen, was sie aber auch irritiert und Widerspruch weckt. Letztere Phase des Unterrichts vereinnahmt sozusagen den Text von Seiten der Leserintentionen, der Erwartungen und Ziele, die von außen an den Text herangetragen werden.

Die Schüler/innen fanden heraus, dass es im Umgang mit dem Fremden gilt,

- ihn nicht zu unterdrücken,
- ihn wie einen Einheimischen zu schätzen,
- ihn zu lieben wie sich selbst.

Als Begründungen für dieses Tun wurden die beiden Schlussteile des V 34 zitiert: Die Erinnerung an das eigene Fremdsein lässt Güte gegenüber den jetzigen Fremden gebieten. Und schließlich wird auch die Gottesselbstvorstellungsformel als Begründung erkannt, in ihrer Bedeutung jedoch von den Schüler/innen nicht ganz verstanden.

Der Unterricht könnte hier zu Ende sein. Die bibeltheologische Didaktik aber fordert, nicht nur die Leserwelt zum Sprechen zu bringen, sondern auch die Textwelt und schließlich die Begegnung, die sich ereignet, in den Blick zu nehmen. Deshalb wird in der folgenden Unterrichtsphase die Textwelt zum Subjekt, die ihre Fragen und Absichten in Bezug auf den Leser artikuliert.

2.4 Der Text und seine Welt als Subjekt

Der Text selbst, der sich in der Mitte des Heiligkeitsgesetzes Lev 17–26 befindet, gehört zu den Kernstücken israelitischen Rechts.[150] Der kunstvolle Aufbau des Heiligkeitsgesetzes lässt dieses selbst mit seinen zehn Kapiteln als großes Zehnwort erscheinen.[151] Wurde in Lev 19,18 die Nächstenliebe als Spitze des Verhaltens zum anderen ausgewiesen, so weiten die Verse 33f. diese auch auf den Fremden aus. Nicht nur der Nächste, der Stammesgenosse, der zum Volk Israel Gehörige soll Nächstenliebe erfahren. Auch der Fremde, der hebräisch verstandene „ger" soll geschätzt werden wie ein Einheimischer und ist mit ebenso viel Liebe und Wohlwollen zu bedenken. Die Heiligkeit Jahwes ist Grundlage und Maßstab für dieses Verhalten. Die Begründung für die Achtung des Fremden resultiert also aus der Erfah-

---

150 Vgl. Gertz, J.Ch. (Hg.): Grundinformation Altes Testament, 226.
151 Vgl. Staubli, Th.: Begleiter durch das Erste Testament, 202.

rung der Unermesslichkeit Gottes. Weil Gott selbst sich dem Geschöpf gegenüber freundlich, ja liebend verhält, soll sich auch das Volk Jahwes dem anderen gegenüber liebend und achtungsvoll verhalten.

Diese Regel wird durch die Erinnerung an den Aufenthalt in Ägypten, also an die eigenen Erfahrungen, untermauert. Erinnerung wird zum Appell zur Empathie. Weil die Israeliten das Los der Fremden kennen, sollen sie den Fremden unter ihnen zuteil werden lassen, was sie sich damals gewünscht und was sie gebraucht hatten.

Im Unterrichtsprozess wird der Text nun als biblischer Text ausgewiesen. Die Regeln, die er in Bezug auf den Umgang mit dem Fremden transportiert, zeugen von den vielfältigen Erfahrungen, die die Israeliten im Zusammenleben mit Fremden und aufgrund ihrer eigenen Fremdheitserfahrungen in Ägypten gemacht haben.

Der Text erinnert in V 34 an die für Israel entscheidende Zeit in Ägypten. Er fordert ebenso heraus, die unterschiedlichen Eindrücke im Zusammenleben mit anderen Volksstämmen und anderen Kulten präsent zu halten. Schließlich bringt er in der Gottesselbstvorstellungsformel zum Ausdruck, dass das Verhalten zum anderen letztlich durch die Besonderheit Jahwes bedingt ist. Dieser entscheidende Schlüssel für das Textverstehen wurde z.B. von den Schüler/innen nicht wahrgenommen bzw. verstanden. Soll der Text ebenso als Subjekt des Auslegungsgeschehens ernst genommen werden, so gilt es, auch diese überdeckten bzw. außer acht gelassenen Absichten in das Lerngeschehen zu integrieren.

2.5 Die Lerngemeinschaft als Modell-Leserin

Der Text transportiert in seinen wenigen Versen Erzählungen und Erfahrungen, die über das Gesagte hinausgehen. Seine Strategien und Absichten werden aber nur erkennbar, wenn diese mitschwingenden Texte ebenso gehört werden. Deshalb werden die Schüler/innen im Unterrichtsprozess mit der Frage konfrontiert: „Was will der Text noch sagen?"

Die Schüler/innen werden also in der Funktion der Modell-Leser/innen angefragt. Erzählungen, Themen, die ihnen in den Sinn kommen, werden genauso relevant wie die Einspielungen der Lehrkraft. Auch sie fungiert als Modell-Leser. Die folgende Phase ist geprägt davon, die genannten Themen und Texte genauer anzusehen: den Aufenthalt in Ägypten (z. B. Gen 47,1–6; Gen 50,22–26; Ex 1,8–14), Erzählungen, die vom Miteinander bzw. Gegeneinander Israels mit anderen Völkern sprechen (das kann exemplarisch z. B. an Abram und seinen Erfahrungen in einem fremden Land vergegenwärtigt werden: Gen 12,10–20; Abram und Melchisedeck: Gen 14,1–24. Auch wenn hier noch nicht vom Volk Israel gesprochen werden kann, so waren die Erfahrungen des Stammvaters für das Volk Israel maßstäblich) und die Klärung der Frage, wer Jahwe für Israel ist (Erfahrung des Exodus: Ex 14; Sinai: Ex 20).

Es ist auch interessant, die jüdische Auslegung des Textes in den Blick zu nehmen. Die Auseinandersetzungen zwischen den Schulen des Hillel und Schammai über diese Stelle zeigen, dass die jesuanische Interpretation durchaus inmitten der Lehrtraditionen Israels zu verankern und nicht, wie manchmal behauptet, als völlig neue Lehre auszuweisen ist.[152]

Damit werden die Schüler/innen mit der Erzählwelt des Textes konfrontiert, die nicht einfach durch die Leserintentionen zu erschließen ist. Hier muss die Enzyklopädie des Textes und der Auslegergemeinschaft herangezogen werden. Dies ist aufwändig

---

152 Vgl. dazu folgende Erzählung: „Ein andermal kam ein Nichtisraelit vor Schammai (um 30. v. Chr.) und sprach zu ihm: Mache mich zu einem Proselyten unter der Bedingung, dass du mich die ganz Tora lehrst, während ich auf einem Fuß stehe. Er jagte ihn mit einem Meßstock fort, den er in seiner Hand hatte. Darauf trat er vor Hillel (um 20 v. Chr.), der ihn als Proselyten annahm. Hillel sprach zu ihm: Was dir unliebsam ist, das tu auch deinem Nächsten nicht. Dies ist die ganz Tora, das andere ist Auslegung; geh hin und lerne das. (b. Schab 31a)." „Rabbi Aquiba sagte: Das ist ein großer und umfassender Grundsatz in der Tora." Beides zitiert in Staubli, Th.: Begleiter durch das Erste Testament, 204.

und muss deshalb im Unterrichtsgeschehen auf einige exemplarische Erzählungen und Themen beschränkt werden. Wichtig aber ist, dass die Schüler/innen den Text und seine Welt sprechen hören.

2.6 Bewegungen zwischen Textwelt und Leserwelt

Die Begegnung mit dem Text und seinen Textwelten verändert die Einstellungen der Schüler/innen. Ihre ursprünglichen Absichten gegenüber dem Text werden durch den Text bestätigt, aber auch erweitert oder sogar korrigiert. Diesen Prozess gilt es in der abschließenden Unterrichtsphase zum Ausdruck zu bringen. Das soll mit Hilfe eines Interviews gelingen.

Dabei bekommt sowohl der Text eine Stimme als auch die Lerngemeinschaft. Sowohl die Repräsentanten des Textes als auch die Schüler/innen stellen an die jeweils anderen Fragen wie z.B.: Warum ist es dir so wichtig, dass der Fremde wie der Einheimische geschätzt wird? Was willst du mir noch erzählen? Ich habe gesehen, dass du den Fremden schätzt, weil du selbst viel durchgemacht hast.

Oder auf Seiten des Textes: Wenn ihr die Fremden bei euch schätzt wie die Einheimischen, was würde sich verändern? Warum funktioniert euer Miteinander nicht? Habt ihr selbst nie Erfahrungen des Fremdseins gemacht? Bei mir ist Gott der Grund für die Achtung des Fremden. Wie ist das bei euch? Die Collagen, die zu Beginn angefertigt wurden, helfen Fragen zu formulieren.

Insgesamt kann man festhalten, dass durch die Begegnung von Leserwelt und Textwelt die ersten Leseabsichten erweitert wurden. Ebenso aber hat der Text hinzugewonnen. Er wird in einer neuen Situation erinnert und gewinnt so eine neue Deutung: Impulse für unsere multikulturelle und multireligiöse Welt geben zu können und zu fragen, was für uns ein konsensfähiger Grund ist, die Achtung für den Anderen und Fremden zu garantieren.

3. Wundererzählungen – Der Mann mit der verdorrten Hand

In diesem Lernarrangement für die Grundschule wird ein bestimmtes Motiv der Wundererzählung aus Mk 3,1–6 herausgegriffen und den Schüler/innen so angeboten, dass sie ihre eigenen Assoziationen und Erlebnisse damit verknüpfen können. Die Hand, die als verdorrte Hand eines heilungsbedürftigen Mannes der Auslöser der Heilungsgeschichte ist, wird zum Impuls, in die Welt des Textes einzutreten.

3.1 Hände – ein Einstieg

Welche Haltungen können unsere Hände einnehmen? Was können unsere Hände? Was kann ich mit meiner Hand sagen? Mit diesen Fragen kann ein Lernarrangement für den Religionsunterricht in der Grundschule beginnen. Die Kinder werden eingeladen, unterschiedliche Handhaltungen zu erproben. Ein Kind darf eine Geste vorschlagen und die ganze Klasse übt die Handhaltung so lange, bis ein anderes Kind im Kreis „Ich" ruft und damit das Signal gibt, dass alle eine neue Geste sehen und nachmachen.

Das geht so lange, bis die Lehrkraft mit einem neuen Impuls die Aufmerksamkeit der Schüler/innen darauf lenkt, sich zu überlegen, was unsere Hände können. Dazu sind Wortkarten vorbereitet, die die Schüler/innen mit Verben bestücken: schreiben, tragen, heben, arbeiten, tasten, berühren, verletzen, streicheln … Es ergibt sich ein reiches Assoziationsfeld. Dieses thematisiert die praktischen Fähigkeiten, die wir mit unseren Händen ausüben. Die Hände werden aber auch als Sinnesorgane begriffen sowie als Ausdrucksmöglichkeiten, anderen etwas von unserer Zuneigung oder auch Ablehnung zu zeigen.

Damit ist der Schritt vorbereitet, die Hände „sprechen" zu lassen. Der Impuls „Was kann ich mit meiner Hand sagen?" vertieft die Assoziationen und motiviert die Schüler/innen, sich über die Hände als Ausdruck von Beziehung auszutauschen.

Durch die Gesten, die Wortkarten und den letzten Impuls wird ein intensives und vielfältiges Nachdenken über die Bedeutung unserer Hände möglich. Dieses bewegt sich im Vorwissen der Kinder, in der Welt ihrer Erfahrungen und Interessen. Damit werden die folgenden Phasen des Unterrichts auch von diesen geweckten Interessen gelenkt. Die sich anschließenden Ausführungen werden auf dem Hintergrund gehört, dass Hände eine wichtige Funktion in unserem Leben haben und eine Kostbarkeit sind.

3.2 Die Leserwelt in Spannung zur Textwelt

Diese Einstellung wird nun durch den Impuls der Lehrkraft erweitert „Und da war ein Mann mit einer vertrockneten Hand". Dazu wird ein Bild eingeblendet, das einen Mann mit einer lahmen, schlaffen Hand zeigt. Die Spannung, die dadurch entsteht, provoziert die Schüler/innen, die zuvor erfahrene Lebendigkeit, das kennengelernte Bedeutungsspektrum von Händen mit der Tatsache konfrontieren zu müssen, dass da ein Mann ist, der seine Hand nicht mehr gebrauchen kann. Die Frage, was das für ihn bedeutet, steht im Raum und sucht nach Antwort.

Die Schüler/innen äußern sich spontan und schreiben ihre Antworten um das projizierte Bild, so dass sie während des Gesprächs präsent bleiben.

3.3 Noch immer die Leserintention

Daraufhin erzählt die Lehrkraft die wenigen Verse von Mk 3,1–6 und rückt so noch deutlicher die Welt des Textes in den Mittelpunkt der Aufmerksamkeit. Dabei werden die unterschiedlichen Motive der Erzählung, nämlich Heilungsgeschehen, Sabbatfrage, Anklagegrund nicht reduziert, sondern den Kindern zugemutet. Dennoch verzichtet die Erzählung darauf, Erklärungen einfließen zu lassen und damit Spannungen des Textes von vornherein aufzulösen. Das ermöglicht es den Kindern, diese selbst zu entdecken und nach deren Ursachen zu fragen. Durch die parataktische Erzählform wird die Erzählung leichter verständlich und spiegelt schon auf ihre Art und Weise die Dramaturgie des Geschehens wider. Die Erzählung wird zusätzlich durch das Aufstellen von Holzfiguren veranschaulicht. Es treten Figuren für Jesus, den Kranken und mehrere für die Menge auf.

„Es war Sabbat. Jesus war wieder einmal in der Synagoge. Dort saß ein Mann, der hatte eine vertrocknete Hand. Auch andere Menschen waren dort. Sie sahen Jesus kommen und wollten sehen, ob er den Mann am Sabbat heilen würde.

Jesus aber sagte zu dem Mann mit der vertrockneten Hand: ‚Steh auf und stell dich in die Mitte!‘ Und er fragte die anderen, die dabei standen: ‚Was sagt ihr? Ist es am Sabbat erlaubt, Gutes zu tun oder Böses? Darf man am Sabbat ein Leben retten oder soll man es verderben lassen?‘

Die anderen aber schwiegen. Jesus sah sie der Reihe nach an. Da wurde er zornig und traurig über ihre engen Herzen und ihren Unglauben.

Und er sagte zum Kranken: ‚Streck deine Hand aus!‘ Der streckte seine Hand aus. Und seine Hand war wieder gesund.

Die Pharisäer aber gingen hinaus und taten sich mit den Anhängern des Herodes zusammen. Denn sie wollten Jesus umbringen." (Mk 3,1–6)

Obwohl nun der Text in seiner Dramaturgie, seinen vielfältigen Aspekten, seinen Strategien und Leerstellen im Raum steht, bewegen sich diese zunächst noch „unverbunden" im Wahrnehmungshorizont der Schüler/innen. Die einleitende Unterrichtsphase hat die Wahrnehmung der Schüler/innen für die Bedeutung der Hand bzw. der beschädigten Hand geschärft. Ihre Intentionen waren damit bislang auf das Heilungsgeschehen fokussiert. Die Erzählung selbst bringt aber auch andere Motive, die von dem schon bekannten und inzwischen vertrauter gewordenen Motiv des Kranken und seines Weges aus „erobert" werden können. In der folgenden Unterrichtsphase geht es darum, das Hintergrundwissen zum Text und auch seine Verwobenheit mit anderen Texten des NT und AT zu verdeutlichen. Das hilft, seine Intentionen zu rekonstruieren.

3.4 Die Textwelt zum Sprechen bringen

Nachdem die Erzählung in Textform an die Schüler/innen ausgeteilt wurde, werden die Schüler/innen eingeladen, Wörter zu markieren, die fremd sind. Außerdem sollen sie an den Rand Fragen schreiben, die ihnen der Text aufgibt. Es wurden z. B. die Begriffe Sabbat und Synagoge markiert, ebenso wie Pharisäer. Der Text stiftet Kinder beispielsweise zu Fragen an wie „Warum hatte der Mann eine verdorrte Hand?", „Was hat er getan, als er wieder geheilt war?" oder auch „Warum soll Jesus umgebracht werden, obwohl er doch Gutes getan hat?"

Neben Fragen also, die die Enzyklopädie des Textes betreffen (Sabbat, Synagoge, Pharisäer), sind auch solche zu klären, die durch die Spannungen der Erzählung erzeugt werden. Was haben die Heilung und der Sabbat miteinander zu tun? Warum trachten die Pharisäer und die Anhänger des Herodes Jesus nach dem Leben? Was bedeutet die Wundertätigkeit Jesu in diesen Überlegungen?

Im Unterricht gibt es dazu mehrere Phasen. Schüler/innen beschäftigen sich arbeitsteilig mit Sachfragen, indem sie Texte und Bilder zum Sabbat, zur Bedeutung der Synagoge und zu den Pharisäern bearbeiten und anschließend in der Klasse mittels Plakaten präsentieren.

Schüler/innen werden aber auch dazu herausgefordert, die Vorgeschichte von Mk 3 zu kennen. Jesus ist seit dem ersten Kapitel (Mk 1,21–28; Mk 1,29–31; Mk 1,32–34; Mk 1,40–45) als Wunderheiler eingeführt und damit in die Tradition der Propheten gestellt. Seit Mk 2 läuft die Auseinandersetzung um die Frage der Vollmacht Jesu. Diese wird zunächst in Bezug auf seine Vollmacht, Sünden zu vergeben, ausgefochten (Mk 2,1–12). Auch hier ist es eine Heilung, die diese Vollmacht demonstriert.

In Mk 2,18–22 (die Frage nach dem Fasten) wird sie in Bezug auf die Pharisäer taxiert. Mit Mk 2,23–28 kommt als Höhepunkt der Sabbat ins Spiel. Es geht darum, wie sich Jesus zum Sabbat als einem der grundlegenden Charakteristika des jüdischen Volkes positioniert. Der Ausspruch Jesu, dass der Menschensohn Herr auch über den Sabbat sei (Mk 2,28), findet nun in Mk 3,1–6 einen sichtbaren Ausdruck.

Mk 3,1–6 verbindet die vorausgehenden Fäden, nämlich sowohl die Heilungstätigkeit Jesu als auch die Frage nach seiner Vollmacht, die jetzt an die sozusagen prekärste Frage gebunden ist, nämlich die Frage nach dem Sabbat. Und wiederum demonstriert Jesus seine Vollmacht gegenüber dem Sabbat durch ein Heilungswunder. Jesus zeigt sich als der, der in der Tradition der Propheten zu verstehen ist. Er ist aber auch mehr. Er rückt den Sabbat aufgrund seiner Vollmacht – und wie sich später zeigen wird, seines einzigartigen Verhältnisses zum Vater – an die Position, die ihm zukommt und nicht umgekehrt. Die Frage nach der Vollmacht ist für den Leser des Markusevangeliums endgültig geklärt. Jesus ist der mit Vollmacht Auftretende. Deshalb ist es nun auch folgerichtig, dass unmittelbar im Anschluss an diese Wunderheilung und ein Summarium, das die Wundertätigkeit Jesu bestätigt (Mk 3,7–12), Jesus als der mit Vollmacht Auftretende die Repräsentanten des neuen Israel beruft und den Zwölferkreis wählt (Mk 3,13–19). Die Bedeutung von Mk 3,1–6 wird also erst ersichtlich, wenn die intertextuellen Bezüge geklärt sind.

Auch wenn diese noch über die soeben genannten hinausgehen (z.B. der Hinweis auf die Heilung der verdorrten Hand kann mit der Heilung der vertrockneten Hand Jerobeams durch den Gottesmann aus Juda in 1 Kön 13,4–6 in Beziehung gesetzt werden), so sollen im folgenden Unterrichtsverlauf die vom Markusevangelium konstruierten Fäden verdeutlicht werden. Das kann z.B. so geschehen, dass die Lehrkraft eine Gruppe beauftragt, eine Bildergeschichte über die Wunderheilungen in Mk 1 zu erstellen. Eine andere soll die Beziehung Jesu zu den Schriftgelehrten und Pharisäern pantomimisch darstellen. Für Mk 2,1–

12 wird der Gruppe der Vers aus Mk 2,7 mitgegeben: „Wie kann dieser Mensch so reden? Er lästert Gott. Wer kann Sünden vergeben außer dem einen Gott?", für Mk 2,18–22 die Frage „Warum fasten deine Jünger nicht? (Vers 18) und für Mk 2,23–28 der Vers 27. „Der Sabbat ist für den Menschen da, nicht der Mensch für den Sabbat. Deshalb ist der Menschsohn Herr auch über den Sabbat." Auch dazu sollen sich die Schüler/innen ein Szenenspiel überlegen.

Indem nun die Bildergeschichten aus Mk 1 verglichen werden mit der Streitfragen zwischen Jesus und den Pharisäern aus Mk 2 kann auch für Schüler/innen der Grundschule deutlich werden, dass die Heilungen Jesu mit der Frage, wer Jesus ist und was ihm die Pharisäer zusprechen bzw. verweigern, in einem Zusammenhang stehen.

Das aber führt dazu, dass der Text immer mehr seine eigenen Strategien in der Begegnung durchsetzt. Diese sollen in der nächsten Phase des Unterrichtsgeschehens noch deutlicher eingeholt werden.

3.5 Der Text will mehr

Der Text provoziert den Leser zu einer eigenen Stellungnahme. Wie positioniere ich mich zum Vollmachtsanspruch Jesu? Kann ich Jesus vertrauen, dass er nicht nur einzelne Situationen heilt, sondern Herr über alles, das ganze Leben ist? Lasse ich mich darauf ein, dass Jesus auch uns zum Leben anstiften will und alle Traditionen, Gesetze und Normen von daher ihre Ausrichtung bekommen? Diese Strategien konnten aufgrund der intertextuellen Bezüge zu den vorausgehenden Kapiteln des Markusevangeliums entdeckt werden. Diese Absichten des Textes sind aber nicht einfach vergangen. Sie wollen auch von den jetzigen Leser/innen erinnert werden. Von daher gilt es, nicht mehr nur die Absichten der Schüler/innen in Bezug auf den Text zu artikulieren, sondern auch die Absichten des Textes zum Sprechen zu bringen. Zugleich bleibt es aber nicht dabei. Der Text will nicht nur sprechen. Er will von Menschen gesprochen werden. Das heißt, dass die Bewegung vom Text zurück auf den Leser springt. Dieser bringt zum Ausdruck, was er vom Text sprechen lassen will. Das kann mehr sein, als der Text will. Das kann aber auch weniger sein. Insgesamt ist es ein Prozess, in dem sowohl der Text als auch der Leser verändert werden. Die Begegnung geht nicht spurlos an beiden vorbei.

3.6 Dem Text meine Stimme geben

Das kann im Unterrichtsgeschehen in folgender Weise geschehen. Die Lehrkraft ruft den Schüler/innen nochmals die Erzählung in Erinnerung: „Nachdem sich der Kranke in die Mitte gestellt hatte, fragte Jesus die Menge, ob es erlaubt sei, am Sabbat Gutes zu tun oder Böses, ein Leben zu retten oder es verderben zu lassen. Und dann wartete er auf eine Antwort und sah jeden Einzelnen von ihnen an."

Die Schüler/innen werden eingeladen, ihre eigenen mitgebrachten (Holz-)Figuren an die Stelle im Geschehen zu stellen, die für sie passt: nahe am zu heilenden Mann, mit dem Rücken zu Jesus, eher in der Nähe der Menge etc. Nachdem das Erzählfeld auf diese Weise erweitert wurde, sind sie eingeladen, ihre Figuren zum Sprechen zu bringen. Um das zu erleichtern, ist der Satzanfang vorgegeben. Er lautet: „Ich will …" Damit können die Schüler/innen die Strategien des Textes aufnehmen, indem sie beispielsweise antworten: „Ich will, dass du den kranken Mann heilst." „Ich will, dass du Gutes tust." Ich will, dass die Pharisäer dir nicht länger Böses antun wollen." „Ich will, dass du allen Gutes tust." „Ich will, dass du Schluss machst mit allem Krieg und allem Leid." etc. Sie können diese Strategien aber auch erweitern, indem sie z. B. sagen: „Ich will Gutes tun."

Insgesamt ermöglicht es diese Phase, dass die Schüler/innen selbst Stellung beziehen. Die Provokationen, die der Text bietet, können von ihnen aufgenommen, positiv beantwortet oder auch zurückgewiesen werden. Die Schüler/innen verleihen dem Text ihre Stimme. Zugleich wird ihre Stimme aber auch vom Text gelenkt. Beides – Leserwelt und Textwelt – greifen aufeinander aus und bewegen einander. Die Bewegungen, die dadurch entstehen, bleiben nicht diffus und ungeklärt. Indem die Schüler/innen ihre Gedanken nicht nur für sich behalten, sondern mittels der Spielfiguren ausdrücken, kann auch eine Kommunikation über ihre Meinungen in Gang kommen und damit über das, was sich durch die Begegnung mit dem Text bei ihnen verändert hat.

4. Osterüberlieferungen – Maria von Magdala am Grab

Im Folgenden soll die Begegnung Jesu mit Maria von Magdala (Joh 20,1.11–18) für die späte Sekundarstufe I oder die Sekundarstufe II als Beispiel einer bibeltheologischen Didaktik ausgeführt werden. Der Text bezeugt allein schon durch seine Wirkungsgeschichte in der bildenden Kunst, dass er zu den wichtigsten Osterüberlieferungen zählt.

Die bildende Kunst soll auch die Art und Weise sein, die „Welt des Textes" für die Schüler/innen zu eröffnen und sie zu ermutigen, diese Welt selbst weiterzubauen. Die Bilder, die den Schüler/innen vorgestellt werden, artikulieren, welche Aspekte und Aussagen für die jeweiligen Künstler und ihre Zeit wichtig waren. Diese bieten wiederum Anknüpfungspunkte, die von den Schüler/innen weitergesponnen und in ihren Lebenswelten verortet werden. Insgesamt setzt dieses Beispiel also bei der zweiten Phase der prozeduralen Analyse an. Es geht darum, von der Wirkungsgeschichte eines Textes aus zu fragen und so eine Begegnung von Text und Leser auszulösen.

4.1 Bilder interpretieren auch

Der Lernprozess wird eröffnet, indem unterschiedliche Bilder ausgelegt werden. Diese zeigen die Begegnung Jesu mit Maria

(Noli-me-tangere-Motiv), aber auch Bilder, die andere Motive der Erzählung thematisieren, wie z.b. das Weinen Marias vor dem Grab, die Verkündigung der Auferstehung an die Jünger. Sie reichen von Rembrandt-Darstellungen bis zu Savoldos Londoner Magdalena[153] und zeitgenössischen Abbildungen. Es ist wichtig, dass sie ein reiches Repertoire an Bedeutungen widerspiegeln und unterschiedliche Situationen der Erzählung thematisieren. Der Text wird hier schon als Text einer bestimmten Auslegungsgemeinschaft konnotiert. Das ist in diesem Fall die Auslegungsgemeinschaft der abendländischen und näherhin westeuropäischen Tradition.

4.2 Die „Welt der Schüler/innen"

Dieses Lernarrangement beginnt damit, die vorgegebenen Bilder, die den Text schon auf ihre Weise deuten, in der Lebenswelt der Schüler/innen zu kontextualisieren und die Schülerintentionen in Bezug auf die Gestalt Maria von Magdalas und dann der Ostererzählung zu eruieren. Das geschieht in mehreren Schritten.

Die Schüler/innen haben zunächst die Möglichkeit, sich ein Bild auszuwählen. Der Impuls dazu lautet: „Wähle dir ein Bild, das die Frau in einer Situation zeigt, die dir zu denken gibt." Damit ist das Bedeutungsspektrum des Textes eingeschränkt worden. Es geht nicht mehr um alle Intertextualitäten und kanonischen Bezüge. Diese werden vielmehr auf die Person Maria Magdalenas als Akteurin konzentriert.

Zunächst in Stillarbeit, dann im Austausch mit einem Mitschüler stellen die Schüler/innen die von ihnen gewählten Bilder einander vor und kommentieren, was sie an der Darstellung zum Nachdenken bringt und was sie beschäftigt.

Schließlich soll sich jeder Schüler überlegen, welche Frage (Singular!) er angesichts seines Bildes an Maria Magdalena stel-

---

153 Vgl. dazu Lange, G.: „Sie wandte sich ihm zu". Savoldos Londoner Magdalena, 498–594.

len will und diese auf einen Papierstreifen notieren. Sowohl das Bild als auch die Frage werden im Plenum präsentiert. Indem die Schüler/innen aufgefordert werden, sich eine Frage zu überlegen, werden sowohl Erwartungen, Absichten als auch Ziele eingeholt, die die Schüler/innen beim weiteren Vorgehen und auch beim Lesen des Textes verfolgen. Ferner fließt das Vorwissen der Schüler/innen in die Fragen ein und findet einen ersten Ausdruck. Indem die Schüler/innen einer ganzen Lerngruppe je eine Frage formulieren, ergibt sich ein weites und auch differenziertes Feld von Erwartungen an den Text. Sowohl der Einzelne als auch die Klassengemeinschaft als eine Variante der Verstehergemeinschaft kommen hier ins Spiel. Insgesamt kann man sagen, dass sowohl die Bilder als auch die Fragen einen ersten artikulierten Horizont bilden, in dem der Text aus Joh 20 gelesen wird.

4.3 Vereinnahmungen

Nachdem der Text aus Joh 20,1.11-18 gemeinsam gelesen wurde, haben die Schüler/innen die Aufgabe, Antworten aus dem Text auf ihre Fragen zu gewinnen. Das heißt, dass der Text von den Schüler/innen vereinnahmt wird. Die Fragen laufen oft quer zum Text oder auch ins Leere. Sie zielen aber auch in das Geheimnis des Textes, das nicht einfach explizit in den Worten zu finden ist, wie z.B. jene, die auf Savoldos Bild hin formuliert wurde: „Was siehst du, dass deine Augen so leuchten?"

Die Fragen der Schüler/innen und der Text selbst werden zu einem Gegenüber, das zunächst nicht gleichberechtigt ist. Die Schüler/innen, deren Intentionen, Erwartungen und auch deren Vorwissen, geben den Maßstab ab, den Text zu lesen, Teile auszusortieren und andere hervorzuheben. Es erfolgt also eine (Re-)Konstruktion des Textes durch die Schüler/innen. Dabei werden Textstücke aufgegriffen und verarbeitet. Es kann aber durchaus auch sein, dass die Logik, die der Text beabsichtigt, unterlaufen wird. Auch deshalb ist nun folgender Schritt interessant.

4.4 Der Text – eine Herausforderung

Ähnlich wie zuvor die Schüler/innen mittels ihrer Fragen an den Text herangegangen sind, werden die Schüler/innen nun aufgefordert, Fragen, die der Text formuliert, herauszufinden. Diese sind z.B.: Warum wird die Erzählung von Maria am Grab von der Erzählung unterbrochen, die vom Lauf des Simon Petrus und des Jüngers berichtet, den Jesus liebte (Joh 20,2–10)? Was bedeutet die Zeitangabe „Am ersten Tag der Woche" (Joh 20,1)? Und welche Rolle spielt es, dass Maria frühmorgens zum Grab kam (Joh 20,1)? Hat es eine besondere Bewandtnis damit, dass der Text so oft das Wortfeld „sehen" gebraucht und dafür immer wieder andere Lexeme zitiert (Joh 20,12.14.18: Im Griechischen finden sich hier die Wörter theorein, orein) usw.

Die Fragen und die Suche nach Antworten geben den Weg der Auseinandersetzung mit dem Text vor. An dieser Stelle wird sozusagen die Intertextualität des Textes gehoben. Es geht darum, die Verwobenheit des Textes mit anderen Texten des NT und dann der zwei-einen Bibel zu verdeutlichen. Das bedarf sowohl der Aktivität der Schüler/innen als auch der Lehrkraft. Beide üben die Funktion des Modell-Lesers aus. Die Frage z.B. nach der Bedeutung des „frühmorgens" kann nur der kanonisch geschulte Leser, der um das Handeln Gottes am Beginn des Morgens (vgl. Ex 14,24; Ps 5,4; Ps 46,6 u.a.) weiß, stellen und einordnen. Ähnliches gilt für die Bedeutung, die der Verkündigung Maria Magdalenas an die Jünger zuzumessen ist. Nur wer das Verb *angellein* („verkünden") auszuloten versteht und den Namen „Apostola apostolorum" kennt, den die Kirchenväter Maria Magdalena aufgrund dieser Perikope zuschrieben, kann ermessen, was in diesen kurzen Versen ausgesagt ist.

Auch wenn diese Phase grundsätzlich für alle intertextuellen Bezüge offen ist, muss in einem konkreten Unterrichtsgeschehen eine Auswahl getroffen werden. Dies kommt in erster Linie der Lehrkraft zu, so dass zumindest die wichtigsten und bedeutsamsten Akzente zu Tage treten. Die Schüler/innen aber ergänzen durch ihr Vorwissen, ihre Interessen und Assoziationen. Bei der

Erzählung von der Begegnung Maria Magdalenas mit Jesus gehört das Motiv der „Kehre" wie auch die Schilderung der Begegnung und der Sendung unbedingt dazu.

Die Einzeldaten können in einem anschließenden Unterrichtsgespräch zusammengetragen und daraufhin befragt werden, was der Text jetzt an Aussagen und Absichten zu erkennen gibt.

Insgesamt geht es in dieser Phase darum, das von den Intentionen der Leser dominierte Zusammenspiel zugunsten des Eigenanspruchs des Textes zu verschieben. Auch der Text stellt die Leser/innen in Frage. Und auch seine Fragen laufen manchmal quer zur eigenen Lebenslogik. Die Frage Jesu z.B. an Maria von Magdala „Wen suchst du?" (Joh 20,15a) wird plötzlich als Frage ersichtlich, die über die Dynamik des erzählten Textes hinausgeht und zur Frage an die Leser/innen von heute wird.

Insgesamt gilt es hier die Enzyklopädie des Textes zu befragen und einzuholen, seine Bezüge zu den Texten und Erzählungen der Bibel aufzudecken und dadurch die Leseabsichten des Textes und seine Strategien deutlicher herauszufinden.

Das Zugehen der Schüler/innen auf den Text und nun das Zugehen des Textes wiederum auf die Schüler/innen löst neue Bewegungen aus.

4.5 Der Text bleibt nicht still

Die Fragen des Textes, seine Strategien, mit denen er die Leser/innen auf bestimmte Absichten und Aussagen stoßen lässt, wirken nun wiederum auf die Absichten und Deutungen der Schüler/innen zurück. Mit anderen Worten: Es lassen nicht nur die Schüler/innen Texte *werden* und verändern sie. Auch Texte verändern Leser/innen.

Dieser Schritt soll im Lernarrangement durch folgenden Impuls eingeholt werden. Die Schüler/innen werden aufgefordert, ihre anfangs gewählten Bilder wieder heranzuziehen und ebenso die Fragen, die sie dazu notiert hatten. Sie werden eingeladen,

Eintragungen in ihrem Bild vorzunehmen. Es geht darum, das, was den Schüler/innen im Verlauf wichtig geworden ist, in einen konkreten Ausdruck zu bringen. Das kann durch Farben und Formen geschehen, aber auch durch geschriebene Wörter.

Die ursprünglichen Bilder werden dadurch verändert, ergänzt, korrigiert, reduziert oder auch mit einer neuen Aussage versehen. Die Begegnung mit dem Text hat die ursprünglichen Deutungen verändert. Aber auch der Text bzw. das ursprüngliche Bild ist ein anderes, eben von den Schüler/innen nunmehr verortetes geworden. Die Bewegungen, die stattgefunden haben, finden im Bild einen kommunizierbaren Ausdruck. Die Eintragungen im Bild können in einer abschließenden Runde nochmals ins Wort gebracht werden, die mit dem Impuls eröffnet wird: „Was mir wichtig geworden ist".

Dieser Impuls öffnet die Begegnung von Schüler/innen und Text auf die Frage hin, was aus dieser Beschäftigung nun bleibt. Was hat sich verändert? Was habe ich gelernt? Was habe ich verstanden und was bedeutet das für mich und mein Handeln? Biblisches Lernen in seinen „Sternstunden" bleibt damit nicht ein Geschäft, das nur im Binnenraum des Religionsunterrichts funktioniert, sondern zumindest auch die Möglichkeit hat, mitten in das Leben hineinzuwirken.

Dieses Beispiel einer bibeltheologischen Didaktik fordert von den Schüler/innen die Fähigkeit, sich sowohl auf Bilder der Kunst als auch auf die forschende Auseinandersetzung mit Textaspekten einzulassen, die nicht schon auf den ersten Blick einsichtig sind. Es wird deshalb für die späte Sekundarstufe I bzw. die Sekundarstufe II empfohlen.

Durch dieses Beispiel wird deutlich, dass es sich bei dem Konzept einer bibeltheologischen Didaktik nicht um ein rein textorientiertes und wortlastiges Verfahren handelt. Durch die Bilder und die Möglichkeit der kreativen Auseinandersetzung in der Schlussphase haben die Schüler/innen die Möglichkeit, sich auf unterschiedliche Weise mit dem Thema zu beschäftigen.

Auch wenn die Rahmenbedingungen des Prozesses markiert sind (Bildauswahl, Text, intertextuelle Bezüge, die von der Lehrkraft vorgegeben sind, aber dann ergänzt werden) ist es dennoch so, dass die Schüler/innen sowohl das Unterrichtsgeschehen als auch vor allem die Bewegungen, die zwischen Textwelt und Leserwelt angestoßen werden, bestimmen. Das geschieht zum einen durch die kommunikativen Phasen, die das Lernarrangement strukturieren. Die Schüler/innen werden so eingeladen, eigene Re-Konstruktionen vorzunehmen. Das ereignet sich zum anderen aber auch, indem die Schüler/innen selbst vorgegebenes Material wie z.B. die Bilder oder auch die intertextuellen Bezüge, die auf alle Fälle bearbeitet werden sollen, auf ihre Art und Weise, mit ihrem Vorwissen, aufgrund ihrer Erfahrungen und Interessen verändern, erweitern und korrigieren.

5. Beispiele und ihre Tragweite

Die Schritte der bibeltheologischen Didaktik ermöglichen es, sowohl die Schüler/innen mit ihren Erwartungen ernst zu nehmen als auch den Eigenanspruch des Textes zur Geltung zu bringen. Dabei aber bleibt es nicht. Es geht darum, Bewegungen auszulösen und diese zu reflektieren. Was bedeutet der Umgang mit dem Text für mich? Was ist mir wichtig geworden? Was hat sich gegenüber dem Anfang verändert? Ebenso in Bezug auf den Text: Was hat sich in den Vordergrund geschoben und hat Interesse geweckt? Wo hat sich eine neue Logik des Textes aufgrund der Fragen der Schüler/innen ergeben?

Dass das kein isoliertes, ins Privatissimum und damit letztlich in die Irrelevanz abgleitendes Verfahren ist, garantieren die Vergewisserungen mit der Klassengemeinschaft, die orientierenden Unterrichtsgespräche und schließlich auch der Rekurs auf die Tradition mittels ausgewählter Materialien wie z.B. Bilder und Texte.

Insgesamt zeigt sich, dass sich die Unterrichtsprozesse einmal von den Absichten und Erwartungen der Schüler/innen auf die Texte, ein anderes Mal umgekehrt von den Texten auf die Schüler/innen bewegten. Weil beide Größen Subjekt des Auslegungsgeschehens sind, kann die Initiative auch von beiden ausgehen.

Die Beispiele zeigten ferner, dass es im Unterricht nicht möglich ist, z.B. die intertextuellen Bezüge – sei es in Bezug auf die Lebenswelt oder auf die Textwelt – in Gänze auszuloten. Das soll nicht heißen, dass die Verfahren damit willkürlich würden. Mit dieser Methodik kann man vielmehr pars pro toto lernen. Konnten Schüler/innen derartige Zugangsweisen einmal erleben, so können weitere Texte in ähnlicher Weise selbst angegangen werden.

Außerdem ist eine Beschränkung auch deshalb notwendig, weil die Lernarrangements den Rahmenbedingungen der Schule Genüge tun müssen. Das heißt, dass man sich mit einer Auswahl, wenn auch mit einer repräsentativen, zufrieden geben muss.

Dass Unterricht in dieser Hinsicht freilich nicht bis ins Letzte planbar ist, wurde ebenso deutlich. Eine bibeltheologische Didaktik setzt auf die Begegnung von Schüler/innen mit biblischen Texten. Diese ereignet sich zwar in einem Rahmen, der beeinflussbar ist, Lernarrangements können auch Dispositionen für die Begegnung aufbauen helfen. Ob und wie sich die Begegnung gestaltet, ist nicht induzierbar, sondern bleibt frei.

Bibeltheologische Didaktik:
Texte *werden* durch die Leser/innen

Die bibeltheologische Didaktik kann das Spektrum bisheriger Ansätze biblischen Lernens erweitern. Indem sie den literaturtheoretischen Diskurs zur Intertextualität für biblisches Lernen fruchtbar macht, leistet sie einen Beitrag, biblische Texte nicht mehr isoliert, sondern in ihrer Sinnverwobenheit zur Geltung zu bringen. Biblische Texte können so in ihren Zusammenhängen gesehen und verstanden werden.

Die wohl größte Chance der bibeltheologischen Didaktik besteht darin, dass damit ein Konzept vorgelegt wird, das sowohl die Textwelt als auch die Leserwelt gewichtet und die Bewegungen in den Blick nimmt, die durch diese Begegnung ausgelöst werden. Sie hilft, aufmerksam dafür zu werden, dass jede Seite im Auslegungsprozess zur Geltung kommt: die Leserwelt wie die Textwelt; die Textwelt nicht auf Kosten der Leserwelt, aber auch nicht die Leserwelt unter Verzicht auf die Arbeit am Text. Sie fungiert insofern als heuristisches Instrument. Das scheint ein lapidarer Gewinn zu sein. Angesichts von Tendenzen, die biblisches Lernen auf Kosten der Textarbeit attraktiv machen wollen oder die biblisches Lernen auf Textanalyse reduzieren, ist das allerdings nicht einfach abzutun.

Das Konzept der bibeltheologischen Didaktik nimmt die rezeptionsästhetischen Erkenntnisse auf, dass Texte nicht an sich und beziehungslos Sinn stiften. Die Leser/innen sind vielmehr an der Sinngenerierung der Texte als unaufgebbare Größe beteiligt. Die bibeltheologische Didaktik macht bewusst: Texte *werden* durch die Leser/innen. Während bisherige rezeptionsästhetische bzw. entwicklungsorientierte Ansätze biblischen Lernens angesichts der vielen zu berücksichtigenden Aspekte ein methodisch geleitetes Verfahren schwierig bzw. unüberschaubar erscheinen ließen, stellt die bibeltheologische Didaktik ein Modell zur Verfügung, in dieser Hinsicht weiterzukommen.

Durch den Rückgriff auf die intertextuelle Exegese einerseits und die Ergebnisse der entwicklungsorientierten Ansätze andererseits lenkt sie den Fokus auf die Intertextualitäten in der Leserwelt genauso wie in der Textwelt.

Für die konkrete Unterrichtspraxis bedeutet das, dass die Schüler/innen in ihren eigenen Konstruktionsleistungen gefragt, ja sogar gefordert sind. Die Schüler/innen werden als theologisierende und forschende Subjekte ernst genommen. Wie Texte werden, welche Bedeutung sie für die Schüler/innen entwickeln, liegt auch in der Aktivität der Schüler/innen begründet.

Für die Lehrkräfte ist ein solcher Unterricht spannend. Lehrer/innen kommen sowohl in der Funktion des Modell-Lesers als auch als Initiatoren und Moderatoren des Unterrichtsgeschehens zum Zug. Es gibt deshalb Phasen im Unterricht, in denen sich Lehrer/innen eher zurücknehmen können; andere, in denen sie als Gesprächspartner, als Impulsgeber und Wissende gefragt sind. Der Wechsel von Distanz und Nähe, von Eigeninitiative und Geschehenlassen hilft zu einer aufmerksamkeitsfördernden Rhythmisierung des Unterrichts. Ferner sind Lehrer/innen in ihrem exegetischen Spürsinn und ihrer Entdeckungsfreude für intertextuelle Bezüge gefragt. Das mag für manche auch ein Nachteil sein. Da Kommentarwerke, die intertextuell ausgerichtet sind, sowohl für das AT als auch das NT erst im Entstehen sind, muss vieles selbst betrachtet, erörtert und herausgefunden werden.

Damit ist eine Schwierigkeit in Bezug auf die Praktikabilität der bibeltheologischen Didaktik angezeigt. Auch die Beispiele verdeutlichen, dass die Begegnung zwischen Schüler/innen und Text nicht im Schnellverfahren zu absolvieren ist. Die bibeltheologische Didaktik verlangsamt die Begegnung vielmehr. Bibeltheologische Didaktik fordert Zeit: Zeit der Vorbereitung und Zeit für den Prozess. Diese aber ist ein oft seltenes Gut geworden. Dennoch: Wer Zeit investiert, kann ein Lernen ermöglichen, das über den Augenblick hinausreicht, für Schüler/innen gewinnbringend und weitreichend ist.

Altes und Neues in der bibeltheologischen Didaktik

Insgesamt kann man festhalten, dass die bibeltheologische Didaktik, wie ich sie vorgestellt habe, auf dem grundlegenden theologischen Gedanken aufbaut, dass Gott sich in unsere Welt hineingeschrieben hat. Deshalb ist die Welt selbst, in der Menschen fragen und nach Antworten suchen, ein Ort, an dem sich Gott zu erkennen gibt. Der Bibel als Wort Gottes und als maßgeblicher Ausdruck für Erfahrungen, die Menschen mit Gott gemacht haben, kommt dabei eine besondere Bedeutung zu. Weil Menschen sich auf diesen Gott eingelassen haben, weil sie das in einer bestimmten „Sprache", in einer bestimmten Welt getan haben, können ihre Antworten auch heute noch Richtschnur und Inspirationsquelle für unser Leben sein.

Mit anderen Worten: Eine bibeltheologische Didaktik versteht sich von einer anthropologisch gewendeten Theologie her. Gott sagt sich aus in Richtung Welt und an jeden Menschen und lädt ihn ein, sich angesprochen zu wissen und von ihm ausrichten zu lassen. So kann man fragen, was dann eine bibeltheologische Didaktik an Neuem bringt? Schließlich können das auch frühere Ansätze einer Bibeldidaktik für sich in Anspruch nehmen, die sich vom Korrelationsgedanken her verstehen.

Anders als korrelatives Denken – zumindest wie es in der Religionspädagogik im Anschluss an Tillich rezipiert wurde –,[154] das Tradition und Situation als einander gegenüberstehende, unmittelbar reziproke Phänomene verstand (in der Frühphase wurde Erfahrung von der Tradition gleichsam absorbiert gedacht, z.B. bei Tillich), geht eine bibeltheologische Didaktik davon aus, dass beide Größen zwar miteinander zu tun haben,

---

154 Vgl. dazu Grümme, B.: Vom Anderen eröffnete Erfahrung, 142.

also in einen Dialog miteinander treten, dass dieser Dialog aber ein eröffneter Dialog ist.

Dabei ist die bleibende Alterität des Wortes Gottes gegenüber dem Menschen hervorzuheben und umgekehrt. Das Wort Gottes geht nie im Menschen auf. Vielmehr verweist die Begegnung mit dem Wort Gottes den Menschen in sein eigenes Geheimnis und in das Geheimnis Gottes.[155] Bernhard Grümme hat das als „asymmetrische Dialogizität" bezeichnet.[156] Auch wenn gilt, dass Text und Leser miteinander, zueinander sprechen, einander widersprechen, muss jemand begonnen haben, zu sprechen. Im Falle der Schriften ist das Gott selbst. Das ist die eine Seite.

Die andere Seite ist, dass eine bibeltheologische Didaktik die Fraglichkeit des Dialogs ins Spiel bringt, also danach fragt, ob der Dialog von Text und Leser überhaupt aufgeht. Es kann auch sein, dass der Dialog von Text und Leser immer auch ein Nebeneinander, ein Gegeneinander ist, etwas Unabschließbares, nicht Einholbares eben.

Näherhin bedeutet das, dass Text und Tradition nicht an sich zu begreifen sind, sondern toter Buchstabe bleiben, solange sie vom Leser nicht aufgesucht, belebt und mit Sinn erfüllt werden. Die bibeltheologische Didaktik holt die Erkenntnisse der Rezeptionsästhetik in das biblische Lernen hinein und damit die Bedeutung des Lesers als Sinnmitstifters.

Umgekehrt werden aber auch nicht die Schüler/innen an sich in den Blick genommen. Die bibeltheologische Didaktik begrenzt sich darauf, die Schüler/innen als Leser/innen wahrzunehmen und deren (Nicht-)Interessen an den Text, deren entwicklungspsychologische Voraussetzungen in Bezug auf den Text etc. im Auslegungsprozess zur Geltung zu bringen.

---

155 Vgl. ähnlich auch die Begründung bei Franz Rosenzweig, dass das Ich-Du-Verhältnis schon immer vom transzendenten Anderen her eröffnet und damit von einer unauslotbaren Asymmetrie getragen ist. Rosenzweig, F.: Der Stern der Erlösung, 221–228.
156 Vgl. Grümme, B.: Vom Anderen eröffnete Erfahrung. Der alteritätstheoretische Erfahrungsbegriff, 80.

Daraus ergibt sich ein verändertes Ziel. Die bibeltheologische Didaktik muss nicht damit rechnen, dass Korrelationen hergestellt werden müssen. Ziel ist vielmehr aufzudecken, wie Text und Leser in dem begonnenen Dialog einander bedingen.

Ferner geht es der bibeltheologischen Didaktik darum, die grundsätzlich ausgelöste Bewegung zwischen dem Wort der Schrift und dem Leser zu aktualisieren. Das geschieht, indem Bewegungen zwischen der Textwelt und der Leserwelt aufgedeckt, neu initiiert und kommuniziert werden. Mittels dieser Bewegungen wird sowohl die Textwelt als auch die Leserwelt transformiert. Mit anderen Worten geht es also darum, ein „Spiel" in Bewegung zu setzen, zu begleiten, in einen Ausdruck zu übersetzen und damit unser Handeln, unsere Praxis zu verändern. Das bedeutet nicht, dass dieses Spiel und die daraus folgenden Inszenierungen losgelöst vom Text oder Subjekt sind. Sie sind vielmehr von ihnen bedingt und auf sie zurückverwiesen.

Dieses „Spiel" zwischen dem Wort der Schrift und dem Leser immer wieder in Gang zu bringen, lohnt. Es ist allemal spannend zu verfolgen, wie Schüler/innen auf ihre Weise Texte aktualisieren. So verkommen Texte eben nicht zu Dokumenten vergangener Zeiten, die höchstens einen musealen Anspruch erheben können. Biblische Texte können so vielmehr als Lebensworte entdeckt und für heute erinnert werden.

Literatur

Quellen

Das Neue Testament. Griechisch und Deutsch, hg.v. Nestle, E./Aland, K.: 19. Aufl. Stuttgart 1986.
Biblia Hebraica. Das Alte Testament hebräisch-deutsch, hg.v. Kittel, R.: Stuttgart 1974.
Die Bibel. Altes und Neues Testament. Einheitsübersetzung, Freiburg i.Br./Basel/Wien 1980.
Rahner, K./Vorgrimler, H.: Kleines Konzilskompendium. Alle Konstitutionen, Dekrete und Erklärungen des Zweiten Vaticanums in der bischöflich beauftragten Übersetzung. Allgemeine Einleitung – 16 spezielle Einführungen, ausführliches Sachregister, Freiburg i.Br. 1966.

Weitere Literatur

Baldermann, I.: Einführung in die biblische Didaktik, Darmstadt 1996.
–: Gottes Reich – Hoffnung für Kinder. Entdeckungen mit den Kindern in den Evangelien, 3. Aufl. Neukirchen-Vluyn 1996.
–: Ich werde nicht sterben, sondern leben. Psalmen als Gebrauchstexte, 2. Aufl. Neukirchen-Vluyn 1994.
–: Wer hört mein Weinen? Kinder entdecken sich selbst in den Psalmen, 5. Aufl. Neukirchen-Vluyn 1995.
Baudler, G.: Religiöse Erziehung heute. Grundelemente einer Didaktik religiösen Lernens in der weltanschaulich pluralen Gesellschaft, Paderborn 1979.
–: Korrelationsdidaktik. Leben durch Glauben erschließen. Theorie und Praxis der Korrelation von Glaubensüberlieferung und Lebenserfahrung auf der Grundlage von Symbolen und Sakramenten, Paderborn 1984.
Baumann, M.: Bibeldidaktik als Konstruktion eines autonomen Subjekts, in: Lämmermann, G./Morgenthaler, Ch./Schori, K. u.a. (Hg.): Bibeldidaktik in der Postmoderne (FS K. Wegenast), Stuttgart/Berlin/Köln 1999, 33–43.
Beck, U.: Was ist Globalisierung? Irrtümer des Globalismus – Antworten auf Globalisierung, Frankfurt/M. 2007.
Bee-Schroedter, H.: Neutestamentliche Wundergeschichten im Spiegel vergangener und gegenwärtiger Rezeptionen. Historisch-exegetische und empirisch-entwicklungspsychologische Studien, Stuttgart 1998.
Berg, H.K.: Altes Testament unterrichten. 29 Unterrichtsvorschläge, München/Stuttgart 1999.

–: Bibeldidaktische Leitlinien, in: Adam, G./Englert, R./Lachmann, R./Mette, N. (Hg.) unter Mitarbeit von Papenhausen, B.: Bibeldidaktik. Ein Lese- und Studienbuch, 2. Aufl. Berlin 2007, 129–133.

–: Ein Wort wie Feuer. Wege lebendiger Bibelauslegung, München/Stuttgart 1991.

–: Grundriss der Bibeldidaktik. Konzepte, Modelle, Methoden, München/Stuttgart 1993.

Biehl, P.: Bibeldidaktik als Symboldidaktik. Sprung – Spurensuche – Wahrnehmung. Eine Skizze, in: Adam, G./Englert, R./Lachmann, R./Mette, N. (Hg.) unter Mitarbeit von Papenhausen, B.: Bibeldidaktik. Ein Lese- und Studienbuch, 2. Aufl. Berlin 2007, 54–65.

Blum, H.: Biblische Wunder – heute. Eine Anfrage an die Religionspädagogik, Stuttgart 1997.

Brett, M.G.: Biblical Criticism in Crisis? The impact of the canonical approach on Old Testament studies, Cambridge/New York/Port Chester u.a. 1991.

Bröking-Bortfeldt, M.: Schüler und Bibel. Eine empirische Untersuchung religiöser Orientierungen. Die Bedeutung der Bibel für 13- bis 16-jährige Schüler, Aachen 1989.

Buber, M.: Zur Verdeutschung des letzten Bandes der Schrift. Beilage zum vierten Band. Die Schriftwerke, verdeutscht von Martin Buber gemeinsam mit Franz Rosenzweig, 6. Aufl. der neu bearbeiteten Ausgabe von 1962, Heidelberg 1986.

Büttner, G./Reis, O.: Wie werden Kinder zu (biblischen) Theologen oder wie entsteht ein kohärentes Bibelwissen?, in: Adam, G./Englert, R./Lachmann, R./Mette, N. (Hg.) unter Mitarbeit von Papenhausen, B.: Bibeldidaktik. Ein Lese- und Studienbuch, 2. Aufl. Berlin 2007, 92–98.

Bucher, A.A.: Bibelpsychologie. Psychologische Zugänge zu biblischen Texten, Stuttgart/Berlin/Köln 1992.

–: Gleichnisse verstehen lernen. Strukturgenetische Untersuchungen zur Rezeption synoptischer Parabeln, Freiburg i.d. Schweiz 1990.

–: Kindertheologie: Provokation? Romantizismus? Neues Paradigma?, in: Ders./ Büttner, G./Freudenberger-Lötz, P. u.a. (Hg.): „Mittendrin ist Gott". Kinder denken nach über Gott, Leben und Tod, Stuttgart 2002, 9–27.

–: Verstehen postmoderne Kinder die Bibel anders?, in: Lämmermann, G./ Morgenthaler, Ch./Schori, K. u.a. (Hg.): Bibeldidaktik in der Postmoderne (FS K. Wegenast), Stuttgart/Berlin/Köln 1999, 135–147.

–: „Wenn wir immer tiefer graben, kommt vielleicht die Hölle." Plädoyer für die Erste Naivität, in: KatBl 114 (1989) 254–262.

Childs, B.S.: Die Beziehung von Altem und Neuem Testament aus kanonischer Sicht, in: Dohmen, Ch./Söding, Th. (Hg.): Die Bibel – zwei Testamente. Positionen biblischer Theologie, Paderborn/München/Wien u.a. 1995, 29–33.

–: Biblical Theology of the Old and New Testaments. Theological Reflection on the Christian Bible, London 1992; dt. unter dem Titel „Die Theologie der einen Bibel", 2 Bde., Freiburg i. Br./Basel/Wien 1994.1995.

Derrida, J.: De la grammatologie, Paris 1967 (dt.: Frankfurt/M. 1974).

–: La voix et le phénomène, Paris 1967 (dt.: Frankfurt/M. 1979).

–: L' écriture et la différence, Paris 1967 (dt.: Frankfurt/M. 1972).

Deutsche Shell (Hg.): Jugend 2000. 13. Shell Jugendstudie, Gesamtkonzeption und Koordination Fischer, A./Fritzsche, Y./Fuchs-Heinritz, W./Münchmeier, R., 2 Bde., Opladen 2000.
Dirscherl, E.: Der biblische Kanon als Herausforderung, in: JRP 23 (2007), 51–60.
Dohmen, Ch.: Biblische Auslegung. Wie alte Texte neue Bedeutung haben können, in: Hossfeld, F.-L./Schwienhorst-Schönberger, L. (Hg.): Das Manna fällt auch heute noch. Beiträge zur Geschichte und Theologie des Alten, Ersten Testaments (FS für E. Zenger), Freiburg i. Br./Basel/Wien u. a. 2004, 174–191.
–: Der biblische Kanon in der Diskussion, in: ThRv 91 (1995) 451–460.
–: Die Bibel und ihre Auslegung, 2., durchgesehene Aufl., München 2003.
–: Die zweigeteilte Einheit der christlichen Bibel, in: Ders./Stemberger, G.: Hermeneutik der jüdischen Bibel und des Alten Testaments, Stuttgart/Berlin/Köln 1996, 11–22.
–: Vom vielfachen Schriftsinn. Möglichkeiten und Grenzen neuerer Zugänge zu biblischen Texten, in: Sternberg, Th. (Hg.): Neue Formen der Schriftauslegung? (QD 140), Freiburg i. Br./Basel/Wien 1992, 13–74.
– / Oeming, M.: Biblischer Kanon, warum und wozu? Eine Kanontheologie (QD 137) Freiburg i. Br./Basel/Wien 1992.
– / Söding, Th. (Hg.): Die Bibel – zwei Testamente. Positionen Biblischer Theologie, Paderborn/München/Wien u. a. 1995.
– / Stemberger, G.: Hermeneutik der jüdischen Bibel und des Alten Testaments, Stuttgart/Berlin/Köln 1996.
Ebeling, G.: Was heißt „Biblische Theologie"?, in: Ders.: Wort und Glaube, Bd. 1, Tübingen 1960, 69–89.
Eco, U.: Die Grenzen der Interpretation, München 1992.
–: Zwischen Autor und Text. Interpretation und Überinterpretation. Mit Einwürfen von Rorty, R./Culler, J./Brooke-Rose, Ch./Collini, St., München/Wien 1994.
–: Lector in fabula. Die Mitarbeit der Interpretation in erzählenden Texten, 3. Aufl. München/Wien 1998.
Ehlich, K.: Text und sprachliches Handeln. Die Entstehung von Texten aus dem Bedürfnis nach Überlieferung, in: Assmann, A./Assman, J./Hardmeier, Ch. (Hg.): Schrift und Gedächtnis, München 1983, 24–43.
Feyerabend, P.: Erkenntnis für freie Menschen, veränderte Ausgabe, Frankfurt/M. 1980.
Fricke, M.: „Schwierige" Bibeltexte im Religionsunterricht. Theoretische und empirische Elemente einer alttestamentlichen Bibeldidaktik für die Primarstufe, Göttingen 2005.
Gabriel, K./Ebner, M./Erzberger, J. u. a.: Bibelverständnis und Bibelumgang in sozialen Milieus in Deutschland. Ergebnisse aus einem DFG-Projekt, in: JRP 23 (2007), 87–103.
Gadamer, H. G.: Wahrheit und Methode. Grundzüge einer philosophischen Hermeneutik, 3. Aufl. Tübingen 1972.
Gertz, J. Ch. (Hg.): Grundinformation Altes Testament. Eine Einführung in Literatur, Religion und Geschichte des Alten Testaments, in Zusammenarbeit mit Berlejung, A./Schmid, K./Witte, M., 2., durchgesehene Neuaufl., Göttingen 2007.

Giddens, A.: Leben in einer posttraditionalen Gesellschaft, in: Beck, U./Ders./Lash, S.: Reflexive Modernisierung. Eine Kontroverse, Frankfurt/M. 1996, 113–194.

Gregor der Große, Evangelienhomilien. Homiliae in Evangelia XL (PL 76, 1075 – 1312), Paris 1848.

–: Ezechielhomilien. Homiliae in Hiezechihelem [!] prophetam (CChr.SL 142, Adriaen, M.), Turnhout 1971.

Grelot, P.: Zehn Überlegungen zur Schriftinspiration, in: Klinger, E. (Hg.): Glaube im Prozeß (FS K. Rahner), Freiburg i. Br./Basel/Wien 1984, 563–579.

Groß, W.: Ist biblisch-theologische Auslegung ein integrierender Methodenschritt?, in: Hossfeld, F.-L. (Hg.): Wieviel Systematik erlaubt die Schrift? Auf der Suche nach einer gesamtbiblischen Theologie (QD 185), Freiburg i. Br./Basel/Wien 2001, 110–149.

Grümme, B.: Vom Anderen eröffnete Erfahrung. Zur Neubestimmung des Erfahrungsbegriffs in der Religionsdidaktik, Gütersloh/München/Freiburg i. Br. 2007.

–: Vom Anderen eröffnete Erfahrung. Der alteritätstheoretische Erfahrungsbegriff als Beitrag zur Debatte um die Pluralismusfähigkeit der Religionspädagogik, in: RpB 53/2004, 67–86.

Gese, H.: Der auszulegende Text, in: ThQ 167 (1987), 252–265.

Goldman, R.: Religious Thinking from Childhood to Adolescence, London 1964.

Hammelsbeck, O.: Der kirchliche Unterricht. Aufgabe – Umfang – Einheit, 2. Aufl. München 1947.

Hanisch, H.: Der immer neue Blick in die Bibel. Ist Bibeldidaktik noch zeitgemäß? Eine Anfrage an drei verschiedene Konzepte, in: Zeitzeichen 8 (2007), H. 7, 33–35.

Hermans, C. A. M.: Wie werdet ihr die Gleichnisse verstehen? Empirisch-theologische Forschung zur Gleichnisdidaktik, Kampen 1990.

Hermans, H./Kempen, H.: The Dialogical Self. Meaning as Movement, San Diego 1993.

Hieke, Th.: Die Genealogien der Genesis (= Herders biblische Studien 39) Freiburg i. Br./Basel/Wien 2003.

– / Nicklas, T.: „Die Worte der Prophetie dieses Buches". Offenbarung 22,6–21 als Schlussstein der christlichen Bibel Alten und Neuen Testaments gelesen, Neukirchen-Vluyn 2003.

Hossfeld, F.-L.: Probleme einer ganzheitlichen Lektüre der Schrift. Dargestellt am Beispiel Ez 9 – 10, in: ThQ 167 (1987) 266–277.

Hünermann, P.: Tradition – Einspruch und Neugewinn. Versuch eines Problemaufrisses, in: Wiederkehr, D. (Hg.): Wie geschieht Tradition? Überlieferung im Lebensprozess der Kirche (QD 133), Freiburg i. Br./Basel/Wien 1991, 45–68.

Iser, W.: Der Akt des Lesens. Theorie ästhetischer Wirkung, 4. Aufl. München 1994.

–: Der implizite Leser. Kommunikationsformen des Romans von Bunyan bis Beckett, 3. Aufl. München 1994.

Janowski, B., Biblische Theologie I., Exegetisch, in: RGG, Bd. 1, 4. Aufl. Tübingen 1998, 1544–1549.

Jauß, H. R.: Literaturgeschichte als Provokation der Literaturwissenschaft, in: Warning, R. (Hg.): Rezeptionsästhetik. Theorie und Praxis, 4. Aufl. München 1994, 126–162.

Kalloch, Ch.: Das Alte Testament im Religionsunterricht der Grundschule. Chancen und Grenzen alttestamentlicher Fachdidaktik im Primarbereich, Münster 2001.
– / Kruhöffer, B.: Das Alte Testament „unmittelbar" erschließen? Kritische Anfragen an die bibeldidaktische Konzeption Ingo Baldermanns, in: Adam, G./Englert, R./Lachmann, R./Mette, N. (Hg.) unter Mitarbeit von Papenhausen, B.: Bibeldidaktik. Ein Lese- und Studienbuch, 2. Aufl. Berlin 2007, 222–228.
Kampmann, Th.: Erziehung und Glaube. Zum Aufbau einer christlichen Pädagogik, München 1960.
–: Das Geheimnis des Alten Testaments. Eine Wegweisung, München 1962.
–: Wortverkündigung – Glaubensunterweisung – Religionsunterricht, in: Pädagogische Rundschau 19 (1966) 1. Beiheft.
Klafki, W.: Das pädagogische Problem des Elementaren und die Theorie der kategorialen Bildung, 2., erweit. Aufl., Weinheim 1963.
–: Didaktische Analyse als Kern der Unterrichtsvorbereitung (1958), in: Ders.: Studien zur Bildungstheorie und Didaktik, Weinheim/Berlin/Basel 1964, 126–153.
–: Kategoriale Bildung, in: Ders.: Studien zur Bildungstheorie und Didaktik, Weinheim/Berlin/Basel 1964, 25–45.
–: Studien zur Bildungstheorie und Didaktik, 3./4., durchges. Aufl., Weinheim/Berlin/Basel 1964.
Koch, K.: Der doppelte Ausgang des Alten Testamentes in Judentum und Christentum, in: JBTh 6 (1991) 215–242.
Körtner, U. H. J.: Lector in Biblia. Schriftauslegung zwischen Rezeptionsästhetik und vierfachem Schriftsinn, in: Wort und Dienst 21 (1991) 215–233.
–: Spiritualität ohne Exegese? Pneumatologische Erwägungen zur biblischen Hermeneutik, in: Amt und Gemeinde 53 (2002) 41–54.
–: Offene Fragen einer ökumenischen Hermeneutik. Zur Diskussion über eine Hermeneutik der Symbole, Riten und Bräuche, in: Kerygma und Dogma 51 (2005) 230–252.
Kraft, F.: Godly Play. Amerikanische Renaissance einer „kerygmatischen Bibeldidaktik"?, in: Christenlehre, Religionsunterricht, Praxis 57 (2004) H. 4, 45–47.
Kropač, U.: Bibelarbeit als Dekonstruktion: Neue Perspektiven für das biblische Lernen, in: KatBl 128 (2003) 369–374.
–: Bibelarbeit in der Postmoderne. Zur Gestalt einer dekonstruktiven Bibelarbeit, in: rhs 48 (2005) 160–169.
–: Biblisches Lernen, in: Hilger, G./Leimgruber, St./Ziebertz, H.-G.: Religionsdidaktik. Ein Leitfaden für Studium, Ausbildung und Beruf, München 2001, 385–401.
–: „Da rang mit Jakob ein Mann…". Skizze einer dekonstruktiven Bibeldidaktik, in: Bahr, M./Ders./Schambeck, M. (Hg.): Subjektwerdung und religiöses Lernen. Für eine Religionspädagogik, die den Menschen ernst nimmt, München 2005, 124–134.
–: Dekonstruktion: ein neuer religionspädagogischer Schlüsselbegriff? Ein Beitrag zur Diskussion um das Korrelationsprinzip, in: RpB 48/2002, 3–18.
–: Schülerinnen und Schüler als „Exegeten" oder als „Raumfahrer" im biblischen Zeichenuniversum? Bibeldidaktische Suchbewegungen zwischen Entwicklungs-

psychologie und Semiotik, in: Adam, G./Englert, R./Lachmann, R./Mette, N. (Hg.) unter Mitarbeit von Papenhausen, B.: Bibeldidaktik. Ein Lese- und Studienbuch, 2. Aufl. Berlin 2007, 152–157 [Erstmals erschienen in: rhs 46 (2003) 107–114.].

Lange, G.: „Sie wandte sich ihm zu". Savoldos Londoner Magdalena, in: KatBl 116 (1991) 498–594.

Lohfink, N.: Eine Bibel – zwei Testamtente, in: Dohmen, Ch./Söding, Th. (Hg.): Eine Bibel – zwei Testamente. Positionen biblischer Theologie, Paderborn/München/Wien u. a. 1995, 71–81.

–: Das Siegeslied am Schilfmeer. Christliche Auseinandersetzungen mit dem Alten Testament, Frankfurt/M. 1965.

Marquard, O.: Frage nach der Frage, auf die die Hermeneutik die Antwort ist, in: Ders.: Abschied vom Prinzipiellen, Philosophische Studien, Stuttgart 1981, 117–147.

McKnight, E. V.: The Bible and the Reader. An Introduction to Literary Criticism, Philadelphia 1985.

Merklein, H.: Integrative Bibelauslegung. Methodische und hermeneutische Aspekte, in: BiKi 44 (1989) 117–123.

Mette, N.: Bibeldidaktik 1986 – 2006. Ein Überblick, in: JRP 23 (2007), 175–195.

Meurer, Th.: Auf der Suche nach Kriterien für eine textgemäße Adressatenorientiertheit in der Bibeldidaktik, in: Pastoraltheologische Informationen 20 (2002) 70–73.

–: Bibeldidaktik als ästhetische Rekonstruktion. Zum Konzept einer ästhetischen Bibeldidaktik und ihres kritischen Potenzials für eine Religionspädagogik in der Postmoderne, in: rhs 47 (2004) 79–89.

–: Das Fremde unmittelbar oder das Unmittelbare fremd machen?, in: Suchbewegungen in der Bibeldidaktik, in: RpB 49/2002, 3–16.

–: Die Wiederentdeckung der Bibel als Buch. Zum gegenwärtigen Paradigmenwechsel in der Erforschung des Alten Testaments, in: JRP 23 (2007), 29–37.

Nicklas, T.: Biblische Texte als Texte der Bibel interpretiert: Die Hochzeit zu Kana (Joh 2,1–11) in „Biblischer Auslegung", in: ZKTh 126 (2004) 241–256.

–: Leitfragen leserorientierter Exegese. Methodische Gedanken zu einer „Biblischen Auslegung", in: Ballhorn, E./Steins, G. (Hg.): Der Bibelkanon in der Bibelauslegung. Methodenreflexionen und Beispielexegesen, Stuttgart 2007, 45–61.

Niehl, F.-W.: Bibel verstehen. Zugänge und Auslegungswege. Impulse für die Praxis der Bibelarbeit, München 2006.

–: Verfahren des biblischen Unterrichts auf dem Prüfstand, in: JRP 23 (2007), 136–145.

Nipkow, K. E.: Elementarisierung, in: NHRPG, 451–456.

Noble, P. R.: The Canonical Approach. A Critical Reconstruction of the Hermeneutics of Brevard S. Childs, Leiden/New York/Köln 1995.

Oberthür, R.: Kinder und die großen Fragen. Ein Praxisbuch für den Religionsunterricht, München 1995.

–: Kinder fragen nach Leid und Gott. Lernen mit der Bibel im Religionsunterricht, München 1998.

– / Mayer, A.: Psalmwort-Kartei. In Bildworten der Bibel sich selbst entdecken. Freiarbeitsmaterialien mit Begleitheft und Kopiervorlagen, Heinsberg 1995.

Ott, R.: Geschichte der katholischen Bibeldidaktik, in: Langer, W. (Hg.): Handbuch der Bibelarbeit, München 1987, 226–230.

–: Lernen in der Begegnung mit der Bibel, in: Simon, W./Ziebertz, H.-G. (Hg.): Bilanz der Religionspädagogik, Düsseldorf 1995, 291–309.

Porzelt, B.: Bibeldidaktik in posttraditionalen Zeiten, in: RpB 49/2002, 33–48.

Powell, M. A.: What is Narrative Criticism?, Minneapolis 1990.

Rahner, J.: Einführung in die katholische Dogmatik, Darmstadt 2008.

–: Kanonische und/oder kirchliche Schriftauslegung?, Der Kanon und die Suche nach Einheit, in: ZKTh 123 (2001) 402–422.

Rahner, K.: Über die Schriftinspiration (QD 1), 2. Aufl. Freiburg i.Br./Basel/Wien 1959.

Ratzinger, J.: Jesus von Nazareth. Erster Teil: Von der Taufe im Jordan bis zur Verklärung, 2. Aufl. Freiburg i.Br./Basel/Wien 2007.

Rendtorff, R.: Theologie des Alten Testaments. Ein kanonischer Entwurf, Bd. 1: Kanonische Grundlegung, Bd. 2: Thematische Entfaltung, 2. Aufl. Neukirchen-Vluyn 2001.

Renkl, A.: Träges Wissen: Wenn Erlerntes nicht genutzt wird, in: Psychologische Rundschau 47 (1996/2) 78–92.

Riegel, U.: Sich selbst finden im Schnittpunkt von Handeln und Erzählen. Religiöse Identität als interaktive und narrative Selbstverortung, in: RpB 54/2005, 69–90.

Ritter, W. H.: Stichwort „Elementarisierung", in: KatBl 126 (2001) 82–84.

Rosenzweig, F.: Der Stern der Erlösung, Frankfurt/M. 1990.

Sanders, J. A.: From sacred Story to sacred text. Canon as Paradigm, Philadelphia 1987.

Scalise, Ch. J.: Hermeneutics as Theological Prolegomena. A canonical approach, Macon 1994.

Schmidt, W. H.: Zur Theologie und Hermeneutik des Alten Testaments. Erinnerungen und Erwägungen zur Exegese, in: Evangelische Theologie 62 (2002) 11–25.

Schweitzer, F.: Die Konstruktion des Kindes in der Bibeldidaktik. Bilder von Kindlichkeit und Jugendlichkeit zwischen erster und zweiter Moderne, in: Lämmermann, G./Morgenthaler, Ch./Schori, K. u.a. (Hg.): Bibeldidaktik in der Postmoderne (FS K. Wegenast), Stuttgart/Berlin/Köln 1999, 122–133.

–: Die Religion des Kindes. Zur Problemgeschichte einer religionspädagogischen Grundfrage, Gütersloh 1992.

–: Elementarisierung als religionspädagogische Aufgabe. Erfahrungen und Perspektiven, in: Zeitschrift für Pädagogik und Theologie 52 (2000) 240–252.

–: Elementarisierung in der religionsdidaktischen Diskussion, in: Ders.: Elementarisierung im Religionsunterricht, Neukirchen-Vluyn 2003, 203–220.

–: Kinder und Jugendliche als Exegeten?, Überlegungen zu einer entwicklungsorientierten Bibeldidaktik, in: Adam, G./Englert, R./Lachmann, R./Mette, N. (Hg.) unter Mitarbeit von Papenhausen, B.: Bibeldidaktik. Ein Lese- und Studienbuch, 2. Aufl. Berlin 2007, 106–110. [Erstmals erschienen in: Bell, D./Lipski-Melchior, H./Lüpke, J. von u.a. (Hg.): Menschen suchen – Zugänge finden. Auf dem Weg zu einem religionspädagogisch verantworteten Umgang mit der Bibel (FS Ch. Reents) Wuppertal 1999, 238–245.]

–: Wie Kinder und Jugendliche biblische Geschichten konstruieren. Rezeptionsforschung und Konstruktivismus als Herausforderung des Bibelunterrichts, in: JRP 23 (2007), 199–208.

Sheppard, G. T.: Canonization. Hearing the Voice of the Same God through Historically Dissimilar Traditions, in: Int 36 (1982) 21–33.

Söding, Th.: Wissenschaftliche und kirchliche Auslegung. Hermeneutische Überlegungen zur Verbindlichkeit der heiligen Schrift, in: Pannenberg, W./Schneider, Th. (Hg.): Verbindliches Zeugnis II. Schriftauslegung – Lehramt – Rezeption, Göttingen/Freiburg i. Br. u. a. 1995, 72–121.

–: Probleme und Chancen biblischer Theologie aus neutestamentlicher Sicht, in: Dohmen, Ch./Ders. (Hg.): Eine Bibel – zwei Testamente. Positionen biblischer Theologie, Paderborn/München/Wien u. a. 1995, 159–177.

Staubli, Th.: Begleiter durch das Erste Testament. Mit Bildern von Zumstein-Hochreutener, G., 2. Aufl. Düsseldorf 1999.

Steins, G.: Die „Bindung Isaaks" im Kanon (Gen 22). Grundlagen und Programm einer kanonisch-intertextuellen Lektüre. Mit einer Spezialbibliographie zu Gen 22 (HBS 20), Freiburg i. Br./Basel/Wien u. a. 1999.

–: Das Lesewesen Mensch und das Buch der Bücher. Zur aktuellen bibelwissenschaftlichen Grundlagendiskussion, in: StdZ 221 (2003) 689–699.

–: „Das Wort wächst mit den Lesenden". Eine folgenreiche Rückbesinnung gegenwärtiger Bibelexegese, in: Lebendige Seelsorge 55 (2004) 74–81.

–: Der Bibelkanon als Denkmal und Text. Zu einigen methodologischen Aspekten kanonischer Schriftauslegung, in: Auwers, J.-M./De Jonge, H. J.: The Biblical Canons, Leuven 2003, 177–198.

–: Die Einheit der Heiligen Schrift – ein „aufgegebenes" Thema der Bibelexegese, in: rhs 48 (2005) 140–150.

–: Kanon und Anamnese. Auf dem Weg zu einer Neuen Biblischen Theologie, in: Ballhorn, E./Ders.: Der Bibelkanon in der Bibelauslegung. Methodenreflexionen und Beispielexegesen, Stuttgart 2007, 110–129.

–: Kanonisch lesen, in: Utzschneider, H./Blum, E. (Hg.): Lesarten der Bibel. Untersuchungen zu einer Theorie der Exegese des Alten Testaments, Stuttgart 2006, 45–64.

Stock, H.: Evangelientexte in elementarer Auslegung, Göttingen 1981.

–: Studien zur Auslegung der synoptischen Evangelien im Unterricht, Gütersloh 1959.

–: Theologische Elementarisierung und Bibel, in: Kaufmann, H. B./Ludwig, H.: Die Geistesgegenwart der Bibel. Elementarisierung als Prozeß der Praxis, Münster 1979, 14–28.

Stuhlmacher, P.: Der Kanon und seine Auslegung, in: Landmesser, C./Eckstein, H.-J./Lichtenberger, H. (Hg.): Jesus Christus als Mitte der Schrift. Studien zur Hermeneutik des Evangeliums, Berlin 1997, 263–290.

Tamminen, K.: Religiöse Entwicklung in Kindheit und Jugend, Frankfurt/M. 1993.

Tate, W. R.: Biblical Interpretation. An Integrated Approach, Peabody 1991.

Theis, J.: Biblische Texte verstehen lernen. Eine bibeldidaktische Studie mit einer empirischen Untersuchung zum Gleichnis vom barmherzigen Samariter, Stuttgart 2005.

–: Verstehen von Bibeltexten, in: Schreijäck, Th. (Hg.): Christwerden im Kulturwandel. Analysen, Themen und Optionen für Religionspädagogik und Praktische Theologie. Ein Handbuch, Freiburg i. Br. 2001, 609–622.
Theißen, G.: Zur Bibel motivieren. Aufgaben, Inhalte und Methoden einer offenen Bibeldidaktik, Gütersloh 2003.
Wegenast, K.: Geschichte der evangelischen Bibeldidaktik, in: Langer, W. (Hg.): Handbuch der Bibelarbeit, München 1987, 221–226.
– / Wegenast, Ph.: Biblische Geschichten dürfen auch „unrichtig" verstanden werden. Zum Erzählen und Verstehen neutestamentlicher Erzählungen, in: Bell, D./Lipski-Melchior, H./Lüpke, J. von u. a. (Hg.): Menschen suchen – Zugänge finden. Auf dem Weg zu einem religionspädagogisch verantworteten Umgang mit der Bibel (FS Ch. Reents) Wuppertal 1999, 246–263.
Welker, M.: Biblische Theologie II., Fundamentaltheologisch, in: RGG, Bd. 1, 4. Aufl. Tübingen 1998, 1549–1553.
Wiedenhofer, S.: Die Tradition in den Traditionen. Kirchliche Glaubensüberlieferung im Spannungsfeld kirchlicher Strukturen, in: Wiederkehr, D. (Hg.): Wie geschieht Tradition? Überlieferung im Lebensprozess der Kirche (QD 133), Freiburg i. Br./Basel/Wien 1991, 127–172.
–: Grundprobleme des theologischen Traditionsbegriffs, in: ZKTh 112 (1990) 18–29.
–: Kulturelles Gedächtnis und Tradition, in: EWE 13 (2002) 268f.

Konzepte der Religionsdidaktik

Helmut Hanisch
Unterrichtsplanung im Fach Religion
Theorie und Praxis

UTB 2921
2007. 221 Seiten mit 4 Grafiken im Text
und 34 Kopiervorlagen, kartoniert
ISBN 978-3-8252-2921-4

Helmut Hanisch gibt angehenden Religionslehrerinnen und Religionslehrern im Studium wie auch in den ersten Berufsjahren praxisorientierte Hilfestellung bei der Unterrichtsplanung.

Studierende lernen eine Reihe von didaktischen Ansätzen kennen, die ihnen helfen sollen, Religionsunterricht zu planen. Oftmals haben sie jedoch Schwierigkeiten, diese Ansätze zu verstehen, und wissen daher nicht, wie sie im Unterrichtsalltags konkret angewandt werden können. Der Band stellt die fünf am meisten verbreiteten Planungskonzepte vor und erläutert sie anhand praktischer Beispiele. Darüber hinaus wird in einer kritischen Würdigung die Leistungsfähigkeit der einzelnen didaktischen Ansätze kommentiert.

Vandenhoeck & Ruprecht

Erfolgreich in den Lehrberuf starten

V&R

Michaela Schmidt /
Meike Landmann /
Kirsten van de Loo
Lehrer werden
Strategien für einen erfolgreichen
Einstieg in den Lehrberuf

UTB 3187
Ca. 160 Seiten, kartoniert
ISBN 978-3-8252-3187-3
erscheint im April 2009

Wie werde ich ein guter Lehrer? Das Buch ist ein Begleiter für das Lehramtsstudium und eine gute Starthilfe für den Einstieg in die Schule.

Es richtet sich an Lehramtsstudierende und Referendare, die bereits in einer frühen Phase ihrer Ausbildung wesentliche Lehr-, Lern- und Arbeitsstrategien kennenlernen und ausprobieren möchten. Es liefert aber auch wichtige Anregungen für all diejenigen – auch bereits erfahrene Lehrkräfte –, die auf der Suche nach geeigneten Strategien für sich selbst oder ihre Schülerinnen und Schüler sind.

Vandenhoeck & Ruprecht